Renate Ferrari / Monika Neubacher-Fesser

Bald komm' ich in die Schule

Ein Eltern-Kind-Begleiter
zur Vorbereitung auf die Schule

Bald komm' ich in die Schule

Basteln, spielen und gestalten macht allen Kindern Spass. Zu Hause, im Kindergarten, in der Schule. Ein gutes Anleitungsbuch gehört dazu.

Seit mehr als 30 Jahren steht der Name „Christophorus" für kreatives und künstlerisches Gestalten in Freizeit und Beruf.

Genauso wie dieser Band ist jedes Christophorus-Buch mit viel Sorgfalt erarbeitet: Damit Sie Spass und Erfolg beim Gestalten haben – und Freude an schönen Ergebnissen.

Renate Ferrari / Monika Neubacher-Fesser

Bald komm' ich in die Schule

Ein Eltern-Kind-Begleiter
zur Vorbereitung auf die Schule

INHALT

7 Liebe Eltern

Schule ist ein Abenteuer

8 Was Kinder über die Schule denken
- 9 Anfang & Abschied
- 9 Erwartungen
- 9 Angst vor den Großen
- 10 Zehn kleine Schulanfänger

12 Was denkt Ihr Kind?
- 12 Kleiner Gesprächskurs
- 12 Lustiges Mienenspiel

14 Was die Schule erwartet
- 14 Keine falschen Hoffnungen
- 14 Das erste Lernprogramm
- 15 Schritt für Schritt
- 15 Schulfähigkeit

Mit Spiel & Spaß

16 Selbständigkeit
- 17 Kleine Aufgaben & Pflichten
- 17 Lisa wird selbständig
- 18 Kleine Spiele
- 18 Knopf auf, Knopf zu

20 Geschicklichkeit
- 20 In Bewegung
- 20 Bewegungsspiele
- 21 Ballspiele
- 21 Fingerkunststücke
- 22 Bunte Beutel
- 23 Sockentier

24 Gedächtnis & Konzentration
- 24 Spielideen
- 25 Fühllabyrinth
- 26 Pilze & Nüsse
- 27 Gespenster-Geräusche

28 Sprache & Sprechen
- 28 Gut hören & gut sprechen
- 28 Zungenbrecher
- 29 Rätselraten
- 30 Ratespaß mit Märchen
- 31 Rätsel selbstgemacht

32 Lesen & Schreiben
- 32 Zusammenspiel von Augen & Händen
- 32 Linkshänder schaffen's mit links
- 32 Spiele für Augen & Hände
- 34 Malen & Basteln
- 34 Schatzkiste
- 36 Malen mit Reimen
- 37 Muster malen
- 38 Buntes aus Papier
- 40 Bunte Nähbilder
- 40 Schwarze Katze

42 Von Zahlen & vom Zählen
  42 Die Welt be-greifen
  42 Aufgaben rund ums Zahlenverständnis
  43 Eine gute Vorstellung
  43 Zählverse
  44 Zehn Hampelmänner
  44 Hampelmännchen unterwegs
  46 Spiele zum Be-greifen von Zahlen
  48 Im Vogelnest

50 Bald beginnt die Schule

50 Schnuppertag
  51 Bennis Schnuppertag

52 Schule spielen
  52 Mit Schulsachen

54 Aufstehen & zu Bett gehen
  54 Ausreichend Schlaf
  54 Beim Aufstehen
  55 Beim Zu-Bett-Gehen

56 Der Schulweg
  56 Monja geht ihren Weg
  57 Der sichere Weg
  57 Vorbild sein
  58 Reflektorfiguren

60 Wartezeit
  60 Ein Wartekalender

62 Die Schultüte
  62 Ein junger Brauch
  62 Vom Zuckerbaum zur Schultüte
  62 Löwenschultüte
  64 Krokoschultüte
  65 Schreibtischtiere

66 Der erste Schultag
  66 Herzlich willkommen
  66 Der erste Schulmorgen
  67 Das erste Mal zur Schule
  67 Nach der ersten Schulstunde
  68 Tischkärtchen
  69 Stundenplan-Halter

70 Die erste Schulzeit
  70 Viel Neues
  71 Hausaufgaben

72 Kleine Kinder spielen gern – große noch viel lieber
  72 Spielideen

  74 Liebe Eltern
  75 Hinweise zum Basteln
  76 Vorlagen
  84 Die Autorinnen
  84 Impressum

Kinder wollen spielen!

Spielen macht Freude!

Spielen bedeutet Lernen!

Kinder wollen lernen!

LIEBE ELTERN,

Lernen gehört zur natürlichen Entwicklung eines jeden Kindes. Von seiner Geburt an ist der Mensch neugierig, und in ihm steckt der Drang, seine Welt zu erkunden: mit Augen, Nase, Mund, Ohren und Händen – mit seinem ganzen Körper.
Alles, was das Kind kennen-lernt, gibt ihm das starke Gefühl, etwas erreicht zu haben, etwas zu können. Sein Zuhause und der Kindergarten geben ihm viele Gelegenheiten, spielerisch die Welt zu erkunden, zu be-greifen und kennen-zu-lernen.
Die Schule bietet dem Kind ebenso ein breites Lernfeld. Und bald ist es auch soweit, dann kommt Ihr Kind in die Schule. Mit Zuversicht und guter Hoffnung sehen Sie seiner Schulzeit entgegen. Sie wünschen Ihrem Kind, daß ihm die Schule und das Lernen lange Freude bereiten. Und Sie sind stolz, daß Sie mit Ihrem Kind wieder einen Schritt weiter gekommen sind.

Manchmal haben vielleicht auch Sie sich schon gefragt:
- Was erwartet die Schule von einem Schulanfänger?
- Ist mein Kind genügend vorbereitet? Hat es gute Grundlagen für den Schulstart? Oder kann ich diese noch verbessern?
- Wie stimme ich mein Kind auf die neue Lebenssituation ein?

Dieses Buch hilft Ihnen, die Fragen zu beantworten, die Sie vor dem Schulanfang Ihres Kindes beschäftigen:
- Es geht auf die Erwartung der Schulanfänger ein – und informiert über die Erwartungen der Schule.
- Es bietet Anregungen und Tips, Bastel-, Spiel- und Aktionsideen, Geschichten, Reime und Rätsel, die Ihr Kind auf die Schule vorbereiten und einstimmen. So können Sie in unterhaltsamer, spielerischer Art und Weise die Freude auf die Schule, den Lerneifer und die Fähigkeiten Ihres Kindes fördern!
- Es begleitet Sie in den Monaten und Wochen vor dem Schulanfang – und dann, wenn's richtig losgeht.

Ich wünsche Ihrem Kind – und Ihnen – einen guten Schulanfang!

Renate Ferrari

Renate Ferrari

Schule ist ein Abenteuer

Für Eltern und Kinder beginnt mit dem ersten Schultag gewiß ein kleines Abenteuer. Niemand weiß so genau, was die Zeit bringt, ob sich eigene Erwartungen erfüllen und ob man den Anforderungen der Schule gerecht werden kann. In diesem Kapitel berichten Kinder, wie sie über den Schulanfang denken. Hier erfahren Sie auch, was die Schule vom Kind erwartet, was Schulfähigkeit bedeutet, und Sie erhalten Tips und Anregungen, wie Sie mit Ihrem Kind über seine Erlebnisse, Gedanken und Ängste ins Gespräch kommen. Kleine Verse rund um den Schulanfang begleiten das Kapitel.

WAS KINDER ÜBER DIE SCHULE DENKEN

Kinder haben ihre eigenen Ansichten über den Schulalltag – schon bevor sie eingeschult sind. Diese Ansichten sind recht verschieden: Je nachdem, ob das Kind ältere Geschwister hat, die bereits in die Schule gehen, oder ob es selbst das älteste Kind der Familie ist. Die Meinungen der Kinder werden auch beeinflußt von den Äußerungen, die sie von uns Erwachsenen hören. Das können Drohungen sein wie „Na warte nur, der Lehrer wird dir das Stillsitzen schon beibringen!" oder Versprechen wie „Das lernst du alles, wenn du in die Schule kommst!"

Was Kinder über die Schule denken, sei in den folgenden Beispielen kurz angesprochen. Die Auswahl steht für das, was viele Kinder auf die Frage „Wie stellst du dir die Schule vor?" antworten.

ANFANG & ABSCHIED

Daniel ist schon fast sieben Jahre alt. Er will endlich auch in die Schule gehen – wie sein großer Freund Markus. „Hier lerne ich alles, was die Großen können; dann bin ich auch groß!" sagt er fröhlich und kann es kaum erwarten, lesen und schreiben zu lernen. „Nur schade, daß ich dann nicht mehr mit meinem Freund Jonas im Kindergarten spielen kann. Er kommt nämlich noch nicht in die Schule." Einschulung ist also nicht nur mit Freude auf die Schule verbunden, sondern auch mit Abschied vom Kindergarten: Das bedeutet Abschied von den vertrauten Kindern und der Betreuerin, von dem „großen Zuhause", in dem man sich auskannte und wohlfühlte. Aber oft überdeckt die Freude auf die Schule die Abschiedstrauer.

Kindergartenzeit ade
Kindergartenzeit ade,
weil ich bald zur Schule geh'.
Kann schon falten, kleben, malen,
schreiben auch so manche Zahlen;
froh hüpf' ich auf einem Bein:
Bald werd' ich ein Schulkind sein.
Kindergartenzeit ade,
weil ich bald zur Schule geh'.
Lerne lesen, rechnen, schreiben
und stets bei der Sache bleiben.
Bin ich auch noch ziemlich klein,
bald werd' ich ein Schulkind sein.
Kindergartenzeit ade,
weil ich bald zur Schule geh'.
Stolz werd' ich den Ranzen tragen,
neugierig so manches fragen.
Ich find's prima, ich find's fein,
bald werd' ich ein Schulkind sein.

ERWARTUNGEN

Annabell ist ein selbstbewußtes Mädchen. Auch sie freut sich auf die Schule. Doch manchmal fühlt sie ein Unbehagen in sich, weil sie nicht weiß, wie der erste Schultag sein wird und was der Lehrer oder die Lehrerin von ihr erwartet. „Muß ich da schon alle Zahlen können?" fragt Annabell.

Das und noch viel mehr!
Türme bauen, Puppen kleiden,
auf dem Stuhle sitzenbleiben,
kneten, malen, tanzen, singen,
über einen Graben springen,
Puzzle legen und noch mehr,
all das fällt mir gar nicht schwer.
Doch eines läßt mir keine Ruh,
denke dran nur immerzu,
frage mich tagaus, tagein:
Wie wird bloß die Schule sein?

ANGST VOR DEN GROSSEN

Auch Lena geht noch in den Kindergarten, doch sie hat ganz konkrete Vorstellungen vom Schulunterricht. Ihr älterer Bruder hat ihr schon viel von der Schule erzählt. Lena ist fest davon überzeugt, daß sie die Schule spielend schafft. Wären da nur nicht die älteren Jungen auf dem Pausenhof! Und so gesteht sie: „Vor den großen Buben ist mir ein wenig bange!"

WAS DENKT IHR KIND?

Wissen Sie, wie Ihr Kind über den Schulanfang und den Schulalltag denkt?

KEINE DROHUNGEN

Drohen Sie Ihrem Kind niemals mit der Schule! Mit Drohungen verängstigen Sie es und schaffen damit schlechte Voraussetzungen für ein angstfreies Lernen. Und wer lernt schon gerne und gut unter Druck oder Angst?! Unvoreingenommen und frei von Ängsten soll das Kind sich auf die Schule freuen können.

BASTELMATERIAL

1 Paar weiße Stoffhandschuhe;
Stoffmalfarben in verschiedenen Farben und Pinsel;
Küchenkrepppapier;
Schere;
Bügeleisen

ZEHN KLEINE SCHULANFÄNGER

Fingerspiel

Zehn kleine Schulanfänger stehen hier vor dir.
Zehn kleine Schulanfänger rufen: „Das sind wir!"
Dieser Dicke ist der Franz,
der Zeigefinger sein Freund Hans.
Jürgen heißt der große Lange,
vor dem ist mir etwas bange.
Mit einem Ring seht ihr den Theo
und klein daneben dann den Leo.

Jetzt kommt der nächste Daumen dran,
Monja ist's von nebenan.
Und Lisa zeigt dir gar zu gern
am Abend flink den ersten Stern.
Johanna ist die größte hier,
sie klimpert gern auf dem Klavier.
Sophia dann liebt Glitzerding',
drum trägt sie gern mal einen Ring.
Und das Annettchen, die ganz kleine,
kommt auch zur Schule, wie ich meine.

Die Kinder hier, die ich hab' genannt,
sind Finger der linken und rechten Hand.
Und zählst du sie alle, so kommst du auf zehn,
das kannst du an deinen Händen selbst sehn.
Und diese zehn, das ist doch klar,
sind Schulanfänger in diesem Jahr.
Ganz sicher bist du auch dabei,
da werden sich alle besonders freu'n.

Sie können das Fingerspiel Ihrem Kind zunächst vorspielen, indem Sie zuerst alle zehn Finger hochstrecken, dann einen nach dem anderen einzeln bewegen. Bei der letzten Strophe bewegen sich wieder alle Finger gleichzeitig. Am Schluß wird freudig in die Hände geklatscht.

Schon bald, wenn das Kind die Geschichte kennt, wird es mitspielen. Vielleicht gibt dieses Fingerspiel den Anlaß, daß ihr Kind von seinen Vorstellungen zum Schulanfang und von seinen künftigen Klassenkameraden erzählt. Besonders viel Spaß macht das Fingerspiel mit einem Fingerpuppen-Handschuh.

Bastelanleitung

Küchenkrepp in Streifen schneiden. Streifen jeweils doppelt legen und in die einzelnen Handschuhfinger hineinschieben.
Auf die Spitzen der Fingerhandschuhe mit Stoffmalfarben Gesichter und Oberkörper aufmalen. Beim einen Handschuh Jungengesichter, beim anderen Handschuh Mädchengesichter gestalten.
Nach dem Trocknen der Stoffmalfarben die Papierstreifen aus den Handschuhfingern herausziehen.
Ein neues Blatt Küchenkrepp auf die Handschuhe legen, und die Figuren mit dem Bügeleisen etwa fünf Minuten bügeln. Dadurch werden die Stoffmalfarben fixiert.
Eventuell eine kleine Schultüte aus Tonpapier basteln (Seite 60/61). Und aus einer Zündholzschachtel, die mit Tonpapier überzogen wird, entsteht ein Schulranzen.

WAS DENKT IHR KIND?

AUFMERKSAM ZUHÖREN

Bringen Sie Ihrem Kind durch aufmerksames Zuhören Interesse entgegen. So erfahren Sie nicht nur von seinen schönen Erlebnissen, sondern können ihm auch bei Traurigkeit und Enttäuschung zur Seite stehen.

Wissen Sie, was Ihr Kind über den Schulanfang und die Schule denkt? Wissen Sie, was es bedrückt, woran es besondere Freude hat, vor wem oder wovor es sich fürchtet? Erzählt Ihnen Ihr Kind von seinen Erlebnissen?
Mit Kindern ins Gespräch zu kommen ist eigentlich einfach, wenn bestimmte Regeln beachtet werden. Der folgende kleine „Kurs in Gesprächsführung" soll Ihnen dabei hilfreich sein.

KLEINER GESPRÄCHSKURS

Erzähl doch mal!

Nicht allen Kindern fällt es leicht, Gedanken zu formulieren, sie anderen mitzuteilen. Und auf die Frage „Na, wie war's denn heute? Was habt ihr gemacht?" erzählt nicht jedes Kind ausführlich über seine Tageserlebnisse oder Sorgen. Dennoch möchten Eltern verständlicherweise gerne wissen, wie ihr Kind den Tag verbracht hat, wie sich ihr Kind fühlt, was es bedrückt.
Bei weniger gesprächsfreudigen Kindern hilft es vielmals, wenn man sein eigenes Verhalten ein bißchen kontrolliert oder verändert:

- Nehmen Sie nicht die Rolle des „Spions" ein, indem Sie Ihr Kind ausfragen – auch wenn Sie damit nur Interesse zeigen wollen. Das Kind kann sich dadurch bedrängt fühlen.
- Gönnen Sie Ihrem Kind Zeit und Ruhe, damit es seine Eindrücke erst still für sich verarbeiten kann.
- Erzählen Sie Ihrem Kind, was Sie erlebt oder gemacht haben, während es im Kindergarten oder in der Schule war.

Ich hör' dir zu

Wenn Sie etwas Geduld und Feingefühl aufbringen, wird mit der Zeit auch Ihr Kind von sich erzählen. Allerdings gibt es hier wieder das eine oder andere zu beachten:

- Hören Sie aufmerksam zu, wenn Ihr Kind etwas erzählt.
- Radio und Fernseher bleiben während einer Unterhaltung möglichst ausgeschaltet. Auch damit zeigen Sie Ihrem Kind, daß Sie sich für sein Erzählen und für seine Erlebnisse wirklich interessieren.
- Begegnen Sie Ihrem Kind mit Respekt. Machen Sie sich über seine Reaktionen oder Äußerungen nicht lustig!
- Bemühen Sie sich, Ihr Kind wirklich zu verstehen. Das Gefühl, verstanden zu werden, gibt Ihrem Kind Selbstsicherheit und stärkt sein Selbstwertgefühl!
- Vermeiden Sie endloses „Draufeinreden" oder „Moralpredigten".
- Was Ihr Kind Ihnen anvertraut, wird von Ihnen nicht weitererzählt.

Diese „Regeln" gelten natürlich nicht nur für die Zeit vor der Einschulung, sondern auch und gerade, wenn das Kind die vielen neuen Eindrücke aus der Schule zu bewältigen hat.

LUSTIGES MIENENSPIEL

Laune- & Redespiele

Jeweils zwei Kärtchen bilden ein Gesicht: Ein Kärtchen zeigt die Augenpartie, das andere die Mundpartie eines Gesichtes. Ganz unterschiedliche „Mienen" sind dabei zu sehen.

- Die Kärtchen werden gemischt und jeweils zwei zusammengefügt, bis die gefunden sind, die am besten passen.
- Das Kind kann aber auch „gemischte" Gesichter legen: zum Beispiel ein Lach-Wut-Gesicht oder ein Staun-Schmoll-Gesicht.
- Ein Kind macht einen bestimmten Gesichtsausdruck: Es schaut zum Beispiel fröhlich, ärgerlich, ängstlich ... Ein anderer Mitspieler muß nun die Gefühle benennen, die entsprechenden Kärtchen suchen und zusammenfügen.
- Umgekehrt kann auch ein Spieler ein Gesicht legen und ein anderer versuchen, die Miene nachzuahmen.

BASTELMATERIAL

Tonkarton in
Weiß;
Lineal;
Schere oder
Cutter;
schwarzer Filzstift;
roter Buntstift

VORLAGEN

Seite 76/77:
Gesichter 1a–1f

Bei solchen Spielen kann ein Gespräch über verschiedene Launen entstehen: Was fühlen die „Männchen"? Was mögen sie erlebt haben? Hat das Kind sich schon einmal ähnlich gefühlt? Wann?
Und wie fühlt sich das Kind jetzt? Oder wenn es, zum Beispiel, an die Schule denkt? Kindern, die nur ungern über Gefühle reden, fällt es vielleicht leichter, mit „Launekärtchen" auszudrücken, was sie empfinden.

Bastelanleitung

Für die Gesichterkärtchen weißen Tonkarton in 7 x 4 cm große Rechtecke schneiden, und immer zwei Kärtchen mit der Längsseite aneinanderlegen.
Mit schwarzem Filzstift die Kopfform auf die zusammengehörenden Kärtchen übertragen.
Augen-, Nasen- und Mundpartie mit verschiedenen Gefühlsausdrücken aufmalen.

Was die Schule erwartet

Kinder und Eltern haben vielmals schon vor dem ersten Schultag feste Vorstellungen, was die Schule so alles bietet und vom Kind verlangt. Umgekehrt gibt es auch auf Seiten der Schule beziehungsweise Lehrer bestimmte Vorstellungen über den Schulanfang und die Schulanfänger. Oft sind die Erwartungen recht unterschiedlicher Art.

Keine falschen Hoffnungen!

Nicht selten klagen Eltern nach den ersten Schultagen darüber, daß ihr Kind enttäuscht sei. „Schule ist ja langweilig", meinen auch viele Schulanfänger.
Warum ist das so? Sind diese Kinder in der Schule etwa unterfordert? – In der Regel: nein!
- Ein Grund für die Enttäuschung: Viele Kinder gehen mit falschen Vorstellungen in die Schule! Sie denken: „In der Schule lerne ich gleich zu Beginn lesen, schreiben, rechnen, schön malen …" – also Fertigkeiten, die Kinder an älteren Geschwistern oder Freunden und an Erwachsenen bewundern.
- Auch Äußerungen wie „Warte, bis du in die Schule kommst, dann kannst auch du die schönsten Geschichten lesen, deinen Freunden Briefe schreiben, beim Einkauf den Preis errechnen …" tragen zu falschen Erwartungen bei. Es gilt zu bedenken: Alles braucht seine Zeit!
Die Lehrer müssen zunächst Grundlagen fürs Lesen- und Schreibenlernen schaffen. Denn die Kinder bringen unterschiedliche Wissens- und Lernvoraussetzungen mit.

Das erste Lernprogramm

Bereiten Sie Ihr Kind darauf vor, daß in den ersten Wochen nicht sofort gelesen, geschrieben oder gerechnet wird, sondern ein ganz „besonderes Lernprogramm" auf dem Stundenplan steht:
- Täglich in die Schule gehen, auch wenn man gerne zu Hause bleiben möchte.
- Sich an einen veränderten Tagesablauf gewöhnen.
- Den Lehrer, die Lehrerin kennenlernen.
- Die Kinder der Klasse kennenlernen.
- Rücksicht nehmen auf andere.
- Sich im Klassenzimmer und in der Schule zurechtfinden.
- Sich an einen festen Platz im Klassenzimmer gewöhnen.
- Sich persönlich angesprochen fühlen, wenn der Lehrer beispielsweise der ganzen Klasse eine Anweisung gibt.
- Den Finger strecken, bevor man etwas sagt.
- Sich fünfzehn Minuten auf eine Sache konzentrieren.
- Sich im Klassenzimmer ruhig verhalten.
- Nur dann spielen, wenn Spielzeit angesagt ist.
- Das Pausenbrot essen, wenn für alle Kinder Pause ist.
- Den Umgang mit seinen Schulsachen lernen.
- Ordnung auf dem Schultisch halten.
- Mit der Schere eine vorgezeichnete Form ausschneiden, ohne von der Linie abzuweichen.
- Den Stift beim Ausmalen einer Form so führen, daß er nicht über die vorgezeichneten Linien fährt.
- Mit den Augen erfassen, daß „Bilder", später dann Schriftzeichen und Zahlen von links nach rechts „gelesen" werden.
- Kleine Bögen, Schleifen und ähnliches mit dem Farbstift auf einer Linie zeichnen.
- Mengen erkennen und benennen und vieles mehr …
Ein recht umfangreiches Programm!

SCHRITT FÜR SCHRITT

Dieses besondere „Lernprogramm" erscheint vielen Kindern und auch Eltern leider oftmals zu spielerisch. Manche sagen gar: „Das ist doch schon im Kindergarten gemacht worden!" Dies mag für einiges, aber längst nicht für alles zutreffen.
- So manches, was uns ganz einfach und selbstverständlich erscheint, bereitet Schulanfängern in der Gruppe Probleme. Viele Anforderungen verlangen vom Kind volle Aufmerksamkeit, Konzentration und Selbstbeherrschung.
- Außerdem ist es auch für die Lehrer zunächst schwierig herauszufinden, wo die Stärken und Schwächen des einzelnen Schülers und der Klasse liegen. Nur mit diesem kleinen Sonderprogramm können sie einen „Lehrplan" entwerfen, der den Kindern gerecht wird! Und das braucht nun mal seine Zeit.

Wenn dann die ersten Hürden genommen sind, können die Lehrer und Schüler mit dem eigentlichen Lesen, Rechnen und Schreiben beginnen.

SCHULFÄHIGKEIT

Die Wünsche und Erwartungen der Lehrer und der Schule an die Schulanfänger stehen in engem Zusammenhang mit der sogenannten „Schulfähigkeit" (früher „Schulreife"). Diese gilt als „offizielle" Voraussetzung für den Schulbesuch.

Von allem etwas
Entscheidend für die Schulfähigkeit sind:
- das Geburtsdatum des Kindes,
- logisches Denken und Wissen (kognitive Fähigeiten),
- körperliche (physisch-motorische) Fähigkeiten,
- soziale (kommunikative) Fähigkeiten,
- gefühlsmäßige (emotionale) Fähigkeiten.

Das Alter Ihres Kindes, Ihre Beobachtungen und die der Erzieherin oder des Erziehers im Kindergarten haben zu der Entscheidung geführt, Ihr Kind in diesem Jahr einzuschulen. Sie gehen also davon aus, daß Ihr Kind schulfähig ist.

Spielen heißt lernen
Schulfähigkeit kann nicht durch ein Lernprogramm innerhalb weniger Wochen trainiert werden. Sie ist das Ergebnis vieler Erfahrungen, die das Kind im Laufe seiner Entwicklung gemacht hat.
Doch können bereits erlangte Fähigkeiten weiter gefördert werden – und zwar spielerisch!
Auf den folgenden Seiten finden Sie hierzu Hinweise und Anregungen.

WÜNSCHE DER SCHULE

Hätte die Schule sechs Wünsche frei, würde sie sich von den Schulanfängern – dem Alter entsprechend – folgendes wünschen:
- Selbständigkeit,
- körperliches Geschick,
- Konzentration,
- Ausdauer,
- soziale Fähigkeiten,
- Wissen und logisches Denken.

Mit Spiel & Spaß

Hier geht es um die Fähigkeiten, die für einen erfolgreichen Schulstart wesentlich sind: nämlich Selbständigkeit und Geschicklichkeit, ein gutes Gedächtnis und Konzentration, Sprache und Sprachverständnis. Es geht um das Lesen- und Schreibenlernen und um das Zahlenverständnis. Zu alldem finden Sie praktische Hinweise, Spiel- und Bastelvorschläge, Geschichten, Reime und Rätsel, die Ihnen und Ihrem Kind ein paar vergnügliche Stunden schenken und „ganz nebenbei" die Schulfähigkeit fördern. Die Freude am Lernen, das Interesse an Neuem, das Gefühl „Das schaff' ich schon!" und Stolz auf das Erreichte sollen dabei stets im Vordergrund stehen.

SELBSTÄNDIGKEIT

Wie bereits erwähnt, gehören zur Schulfähigkeit neben geistigen auch emotionale, soziale und körperliche Fähigkeiten. Hierzu zählt die Selbständigkeit. Das Kind ist in der Schule ja größtenteils auf sich gestellt. Nicht zuletzt soll es selbständig arbeiten. Daß Ihr Kind selbständig wird, dazu trägt der Kindergarten mit seinen Angeboten bei. Aber auch Sie übernehmen eine Rolle, indem Sie Ihrem Kind Aufgaben geben und ihm zutrauen, diese zu erfüllen.

KLEINE AUFGABEN & PFLICHTEN

Sie fördern und unterstützen die Selbständigkeit Ihres Kindes, indem Sie ihm, wann immer es möglich ist, Gelegenheit und viel Zeit geben, etwas selbst zu tun.
Hier sind kleine Aufgaben, die das Kind zu Hause erfüllen kann:
- Sich nach dem Aufstehen alleine waschen.
- Sich die Zähne putzen und die Haare kämmen.
- In die bereitgelegten Kleider schlüpfen.
- Selbständig die Schuhe zubinden.
- Das Pausenbrot in die Tasche legen.
- Seine Spielsachen aufräumen.
- Bei den Nachbarn etwas abgeben oder holen.
- Ein Tier füttern und pflegen.
- Eine Bastelarbeit selbständig zu Ende führen.
- Zu den Mahlzeiten den Tisch decken oder abräumen.

Solche kleinen Pflichten führen nicht nur zur Selbständigkeit, sie fördern auch die Geschicklichkeit und stärken das Selbstwertgefühl Ihres Kindes.
Ich bin sicher, auch Ihr Kind „wächst", wenn es sagen darf: „Schau nur, was ich alles kann!"

LISA WIRD SELBSTÄNDIG

Eine Geschichte

Es ist Sonntag. Heute bleibt Elisabeths Kindergarten geschlossen. Beim Frühstück überlegt Familie Jansen, was sich an diesem verregneten Morgen unternehmen läßt.
„Ich weiß was!" ruft Elisabeth. „Papa, ich zeige dir heute meine neue Schule. Einverstanden?"
„Eine gute Idee, einverstanden", sagt Papa. „Einen Regenspaziergang haben wir schon lange nicht mehr gemacht!"
Mutter ist auch einverstanden. „Und ich hab' meine Ruhe", sagt sie und lacht.
„Ich finde meine Hose nicht! Wo sind meine Gummistiefel? Welche Jacke soll ich anziehen? Mama, hast du meinen Schirm gesehen?" Elisabeth ist ganz aufgeregt, denn sie kann es kaum erwarten, ihrem Papa endlich die neue Schule zu zeigen.
„Überlege und schau nach, dann wirst du bestimmt alles finden. Schließlich kommst du ja bald in die Schule." Das sagt Mutter in letzter Zeit immer häufiger. Sie möchte, daß sich Elisabeth bis zum Schulbeginn selbständig an- und auskleiden kann. Auch soll sie sich für ihre Dinge selbst verantwortlich fühlen.
„So ein Mistding! Immer dieser dicke Hosenknopf. Ich schaff's nicht! Ich schaff's nicht!" schreit Elisabeth aus dem Kinderzimmer.
Doch siehe da, nach einer kleinen Weile steht Elisabeth fertig angezogen mit ihrem Regenschirm im Flur.
„Hübsch sieht meine kleine Lisa aus. Und ganz allein hast du's geschafft", lobt Vater seine Tochter. „Aber den Anorak solltest du bei diesem Wetter besser schon hier drinnen zumachen."
„Ach, das blöde Ding klemmt mal wieder!" Trotzdem probiert es Elisabeth, und mit etwas Ruhe und Geduld gelingt es ihr tatsächlich – sogar ohne daß sich ein Stoffetzen verklemmt.
„Meine kleine Lisa ist ganz schön geschickt. Da merkt doch jeder, daß du fast ein Schulkind bist."
Stolz geht Elisabeth durch den Flur und spannt vor der Haustür ihren Schirm auf. Noch im letzten Herbst hat sie dazu immer Mamas Hilfe gebraucht. Jetzt kann sie alleine den dicken Knopf herunterdrücken und den Schirm aufspannen, ohne sich die Finger einzuzwicken. Auch den Schulweg kennt sie bereits genau. Mama ist ihn schon oft mit ihr gegangen.
Als die beiden vor der Schule stehen, fragt Papa ganz ernst: „Muß ich jetzt zu dir Elisabeth sagen, wenn du ein Schulkind bist?"
„Aber nein!" Elisabeth lacht. „Ich bleib' immer deine Lisa." Dann wird auch sie ernst. „Nur ‚kleine Lisa', das sag bitte nicht mehr zu mir. Ich gehöre im Kindergarten schon längst zu den Großen."

BASTELMATERIAL

Knöpfetasche:
Baumwollstoff, 43 x 27 cm;
Filz, 27 x 15 cm;
5 Knöpfe;
Nähgarn;
Stecknadeln;
Nähnadel;
evtl. Nähmaschine;
Schere

Bär:
Wellpappe in Natur;
Tonkarton in Hellorange und Weiß;
Filz in Rot und Gelb;
2 Knöpfe;
Schnürsenkel;
schwarzer Filzstift;
Klebstoff;
Schere;
Nähnadel;
Lochzange

VORLAGEN
Seite 76/77:
Bär 2a–2c

KLEINE SPIELE

Wer schafft's geschwind?

Die Kinder sitzen um den Tisch. Mitten auf dem Tisch liegen Messer und Gabel, eine dicke Scheibe Käse oder ein Apfel. Unter dem Tisch befinden sich eine Mütze, ein langer Schal, Fingerhandschuhe und ein Gürtel.
Reihum wird gewürfelt. Und wer die erste Sechs hat, holt die Kleidungsstücke unter dem Tisch hervor, zieht sich so schnell wie möglich an und beginnt, mit Messer und Gabel den Käse oder den Apfel kleinzuschneiden und zu vernaschen. Aber aufgepaßt: Sitzt die Mütze auf dem Kopf? Ist die Gürtelschnalle zu? Stecken die Finger exakt in den Handschuhen, und ist der Schal mit einem Knoten gebunden? Das Kind hat so lange Zeit, bis ein anderer Spieler eine Sechs würfelt. Dann muß es seine Sachen abgeben, und der nächste ist dran.

Wem paßt der Schuh?

Die Schuhe der Mitspieler sind kreisförmig auf dem Boden verteilt. Mitten im Kreis liegt eine leere Flasche. Ein Kind dreht die Flasche und fragt dazu: „Wem paßt der Schuh?" Alle verfolgen das Kreiseln der Flasche. Das jeweilige Kind, auf dessen Schuh der Flaschenhals am Schluß zeigt, holt den Schuh und zieht ihn an. Dann darf es die Flasche drehen.
Ein Spiel, bei dem jedes Kind seine Schuhe selbständig anzuziehen lernt.

Kleiderstafette

Zwei Gruppen stehen nebeneinander an einer Startlinie. Etwa zehn Schritte entfernt ist eine Zwischenstation (Stuhl o.ä.). Vor jeder Gruppe liegen Kleidungsstücke: Hut oder Mütze, eine Jacke, ein Paar große Gummistiefel, ein Schal, eventuell auch ein Rock mit Gummizug und ein Regenschirm.
Auf Kommando ziehen sich die beiden ersten Kinder die Kleidungsstücke an, öffnen den Schirm, gehen geschwind zur Zwischenstation, verneigen sich, gehen um den Stuhl herum und zum Start zurück. Hier werden die Kleider schnell wieder ausgezogen und an das nächste Kind der Gruppe weitergegeben.
Die Gruppe, die am schnellsten durch ist, hat gewonnen.

KNOPF AUF, KNOPF ZU

Beim Öffnen und Schließen der Knöpfetasche, die mit lauter verschiedenen Knöpfen versehen ist, trainieren Kinder ihr Fingergeschick und gewinnen ein Stück Selbständigkeit. In der Tasche steckt vielleicht – als Belohnung – ein Anziehbär, bei dem das Kind gleich weiter üben kann: Knöpfe zu öffnen und zu schließen, Bänder einzufädeln und Schleifen zu binden ...

Bastelanleitung: Knöpfetasche

Baumwollstoff, 43 x 27 cm, und Filz, 27 x 15 cm, zuschneiden; so aneinandernähen, daß ein langer Streifen entsteht. Die Stoffbahn rechts auf rechts aufeinanderlegen und so zu einer Tasche klappen, daß die Naht zwischen Stoff und Filz bereits auf der Taschenrückseite liegt. Seitlich feststecken und anschließend zusammennähen.
Die Tasche auf rechts wenden. In die Filzklappe Knopflöcher einschneiden, in entsprechender Position auf der Taschenvorderseite Knöpfe annähen.

Bastelanleitung: Anziehbär

Den Bären zweimal aus Wellpappe ausschneiden – dabei sollen die Rillen einmal senkrecht und einmal waagrecht verlaufen. Die beiden Teile auf ihren glatten Seiten zusammenkleben.

Maul, Sohlen und Ohrinnenteile aus orangefarbenem und Augen aus weißem Tonkarton ausschneiden. Mit schwarzem Filzstift Pupillen, Nase, Mund und Bartstoppeln aufmalen. Alle Motivteile aufkleben.
Aus gelbem Filz zweimal eine Hosenform zuschneiden und beidseitig aufkleben. Mit einer Lochzange vier Löcher stanzen, einen Schnürsenkel durchziehen und zur Schleife binden.

Zwei Jackenteile aus rotem Filz zuschneiden. An den „Schultern" so umklappen, daß jeweils das Rücken- und Vorderteil aufeinanderliegt. Die Jacke soll später vorne und hinten geknöpft werden. Die Seiten unterhalb der Arme zusammenkleben. Vorne und hinten je einen Knopf annähen beziehungsweise ein Knopfloch in der passenden Größe einschneiden.

Geschicklichkeit

Zu einer ganzheitlichen Entwicklung und auch zur Schulfähigkeit gehört die körperliche Geschicklichkeit, und zwar eine gute Grobmotorik und Feinmotorik.
In jedem Kind steckt der Drang, sich zu bewegen. Unsere Aufgabe ist es, ihm dazu genügend Freiräume und Möglichkeiten zu bieten. Nur so kann es körperliches Geschick entwickeln.

In Bewegung

Wenn das Kind hüpft, tanzt, herumtobt oder sich im Spiel bewegt, befreit es sich auch von inneren Zwängen, Ängsten und Konflikten, und es hat Freude an seiner Bewegung. Diese Freude und Geschicklichkeit können Sie mit kleinen Bewegungsspielen fördern. Bewegungstraining läßt sich aber auch ganz einfach in den Tagesablauf Ihres Kindes einbauen:

- Auf einem Bein auf dem Gehweg hüpfen.
- Mit geschlossenen Beinen einige Treppenstufen im Hausflur hochhüpfen.
- Auf einem Strich balancieren.
- Die Milch aus einem Krug in eine Tasse einschenken.
- Mit einem Tablett den Tisch decken und abräumen ...

Bewegungsspiele

Hoch hinaus
Es muß ja nicht der Eiffelturm sein, aber ganz schön hoch lassen sich ja auch Schachteln auftürmen!
Wer seine Geschicklichkeit besonders unter Beweis stellen will, probiert, einen Turm allein aus Streichholzschachteln zu bauen. Die Schachteln werden senkrecht aufeinandergestellt. Dabei wird bei jeder Stück für Stück das Innenteil zur Hälfte herausgezogen und das nächste Außenteil aufgesteckt. Wie hoch wird wohl dieser Turm, bevor er fällt?

Kleine Akrobaten
Warum nicht einmal als Akrobat mit einem Balanceakt auftreten? Dazu werden auf dem Handrücken, später auf einem ausgestreckten Finger verschiedene Teile balanciert: zum Beispiel ein Farbstift, ein Lineal, ein Holzlöffel. Wer schafft eine Runde um den Stuhl oder um den Tisch? Wer kann mit dem Holzlöffel auf dem Finger in die Hocke gehen und wieder aufstehen? Und wer balanciert nebenbei noch auf einer aufgezeichneten Linie?

Hindernisse überwinden
Die Aufgabe besteht darin, auf einem Tablett von einer Wand zur anderen Dosen oder Becher und einen Tennisball zu transportieren. Dabei muß über Hindernisse, die auf dem Boden liegen, gegangen werden. Wer schafft es, ohne daß ein Teil umkippt oder zu Boden fällt?

Geschickt von Kopf bis Fuß
Mit nackten Füßen sitzt das Kind auf dem Boden, vor ihm liegen alte Zeitungen. Nun geht es darum, mit den Füßen – ohne Hände! – das Zeitungspapier zu einer Kugel zu pressen. Dann legt sich das Kind auf den Boden und wirft die Kugel mit den Füßen hoch. Vielleicht gelingt es auch, sie wieder aufzufangen – mit den Füßen oder Händen. Es bleibt der Fantasie des Kindes überlassen, wie sich der Papierball noch transportieren läßt – auf den Schultern, unter dem Kinn, auf dem rechten oder linken Fuß, auf dem Kopf ...

Schnapp den Stock
Zwei Kinder stehen sich mit zwei Schritten Entfernung gegenüber. Beide haben einen Stock (oder Besenstiel), der mindestens bis zum Bauch reicht. Sie stellen ihren Stock senkrecht auf den Boden und halten ihn mit der Fingerkuppe fest. Gemeinsam zählen sie im Takt: Eins – zwei – drei! Bei drei läßt jeder seinen Stock los und greift sofort zum Stock des anderen. Glück gehabt, wenn die Stöcke nicht zu Boden gefallen sind! Mit jeder Runde gehen die Kinder ein Stück weiter auseinander ...

BALLSPIELE

Was der Ball kann

Ein Ball läßt sich mit Händen oder Füßen von einem Kind zum anderen werfen oder rollen, er läßt sich mit etwas Geschick auch auf den Boden prellen, wobei mal die linke und mal die rechte Hand den Ball berührt.
Der folgende Spielvers gibt in jeder Zeile an, wie hoch der Ball vom Kind geprellt werden soll. Gar nicht so einfach!

<u>Was mein Ball kann</u>
Mein Ball zeigt, was er kann:
Springt hoch jetzt wie ein Mann,
dann hoch so wie ein Hund,
dann hoch mir fast zum Mund,
dann hoch fast übers Puppenhaus,
dann hüpft er hoch wie eine Maus –
und nun genug! Ich ruh' mich aus!

Korbball

Die Spieler bilden einen Kreis. In der Mitte steht ein Papierkorb oder Eimer. Das erste Kind wirft einen Ball in den Korb und ruft dazu beispielsweise: „Für Karolin." Karolin muß den Ball flink aus dem Korb holen und von der Kreismitte aus versuchen, das Kind, das gerufen hat, mit dem Ball abzutreffen. Gelingt es, geht Karolin mit dem Ball in den Kreis zurück, und das Spiel beginnt von neuem.
Hat Karolin nicht getroffen, gibt sie den Ball einem anderen Kind aus dem Kreis und geht an ihren Platz zurück.

Zwischen den Knien

Mit einem Ball, einem Luftballon oder gar einer Kastanie zwischen den Knien geht das Kind eine bestimmte Strecke. Am Ziel muß der Ball, der Ballon oder die Kastanie ohne Hilfe der Hände in einen Eimer gelegt werden.
Dieses Spiel eignet sich auch als „Wettkampfspiel" für zwei Mannschaften. Ist der erste Spieler am Eimer angekommen, läuft der zweite los, holt den Ball und läuft zum Start zurück, um den Ball auf gleiche Weise ins Ziel zu bringen.

FINGERKUNSTSTÜCKE

Ein Fingerspiel

Fünf Finger zeigt mir jede Hand,
sie sind mir alle wohlbekannt.
Ich kenne auch schon ihre Namen
und weiß, woher sie kamen.
Zum Zählen hab' ich alle genommen
und bin zusammen auf zehn gekommen.

Zehn Finger hab' ich an den Händen,
die allerlei Kunststücke machen können.
Zwei meiner Finger können gut zeigen,
die andern sich strecken oder sich beugen.
Sie häkeln, stricken oder weben,
wenn man nur Wolle ihnen tut geben.

Sie zeichnen dir im Sand ein Haus,
und wenn du willst, 'ne kleine Maus.
Sie drehen um im Schloß den Schlüssel
und rühren den Löffel in der Schüssel,
sie können auch gut kneten -
und am Abend dann still beten.

Vor Freude können sie kräftig klatschen,
sich auf die Oberschenkel patschen.
Etwas Lustiges machen sie noch:
ganz laut schnipsen – so glaub mir's doch!
Von einem kriegen sie niemals genug:
sie blättern zu gern in einem Buch!

Nun sage mir, mein liebes Kind,
können's auch deine Finger? – Bestimmt!

Entsprechend dem Text kann das Kind die Kunststücke mit seinen Händen nachahmen.
Überlegen Sie dann mit Ihrem Kind, was die Finger noch so alles können.
Dieses Fingerspiel fördert die Fingergeschicklichkeit und regt das Kind an, sich mit den Namen, der Funktion und dem „Können" der einzelnen Finger auseinanderzusetzen.

FINGERSPIELE

Fingerspiele regen das Kind emotional und geistig an. Sie tragen dazu bei, das Lernen kindgemäß, lustig, interessant und effektiv zu gestalten. Sie fördern die Sprache und das Denken. Durch Zuschauen und Mitspielen entstehen soziale Beziehungen und Bindungen zwischen Kind und Erwachsenem sowie zwischen Kindern untereinander, die wichtig für die Persönlichkeitsentwicklung sind. Vor allem sind Fingerspiele aber auch ein Mittel, Kindern Freude zu bereiten

Bastelmaterial

Bunte Beutel:
Pannesamt-Stoff;
Baumwollfaden;
dicke, spitze Nadel;
Holzperlen;
Teller;
Schere

Sockentier:
Socken;
Tonkarton oder Filz in Orange;
Filz in Braun, Weiß und Schwarz;
Wolle in Braun;
Glöckchen;
Nähgarn in Braun;
dicke Nähnadel;
Stecknadeln;
Klebstoff;
Schere

Vorlagen
Seite 77:
Sockentier 3a–3b

Bunte Beutel

Spielend leicht können Kinder kleine Beutel für ihre besonderen Schätze anfertigen. Danach dürfen sie richtig stolz sein über den ersten selbstgemachten Beutel – und über ihre geschickten Finger.

Bastelanleitung

Einen großen Teller auf die Rückseite des ausgewählten Stoffes legen, mit einem Stift umranden, und den Kreis ausschneiden. Einen etwa 50 cm langen Baumwollfaden in eine Nadel einfädeln. 1 cm vom Kreisrand entfernt, den Rand rundum mit Reihstichen einfassen (Stichweite 1 cm). Eventuell dem Kind die Einstichpunkte mit einem Stift markieren.
Wenn einmal rundum genäht wurde, die beiden Fadenenden zusammenziehen.
Ein oder zwei Holzperlen auf jedes Fadenende fädeln, die Enden kürzen, und die Fäden ober- sowie unterhalb der Endperlen zusammenknoten.

SOCKENTIER

Beim Basteln eines Sockentiers können Kinder kräftig mithelfen. Und spielen können sie dann ganz allein mit ihm: Eine Hand wird so in das Sockentier gesteckt, daß sich der Daumen unter dem Maul und die anderen Finger darüber befinden. Nun kann das Tier sein Maul auf- und zuklappen und sogar alle möglichen Dinge, wie zum Beispiel einen Bleistift, im Maul transportieren.
Beim Basteln wie beim Spielen werden ganz nebenbei die Finger trainiert.

Bastelanleitung

Für das Maul des Sockentiers orangefarbenen Tonkarton ausschneiden und in der Mitte knicken oder Filz verwenden. Das Maul etwas unterhalb der Sockenspitze aufkleben. Die Ferse liegt dabei auf der anderen Seite (oben).
Eine Mähne aus brauner Wolle annähen: Dazu die Wolle in Schlingen stehenlassen und erst zum Schluß aufschneiden.
Zwei Ohren aus braunem Filz zuschneiden, seitlich der Mähne feststecken und annähen.
Augen und Zähne aus weißem, Pupillen aus schwarzem Filz ankleben.
An der Maulspitze ein Glöckchen annähen.

Gedächtnis & Konzentration

Auch mal Ruhe
Vermeiden Sie, Ihrem Kind zuliebe, eine Dauerberieselung von Radio, Fernsehen oder Kassettenrecorder.

Ein gutes Gedächtnis und die Fähigkeit, konzentriert zu spielen oder zu arbeiten, sind wichtige Voraussetzungen für einen erfolgreichen Schulbesuch. Ein Kind kann im Spiel üben, sich an etwas zu erinnern und es im Gedächtnis zu behalten oder seine Aufmerksamkeit auf eine Sache zu richten, also sich zu konzentrieren. So wird dem Kind später das Lernen – beispielsweise das Lesen- und Schreibenlernen – leichter fallen.
Spiele, die das Gedächtnis und die Konzentration fordern und fördern, sollen dem Kind Freude bereiten und es auf das Arbeiten in der Schule optimal vorbereiten.
Kleine Gedichte, Reime, Rätsel und Fingerspiele unterstützen die Gedächtnisförderung ebenso wie die folgenden Spiele.

Spielideen

Allerlei Aufträge
Geben Sie Ihrem Kind lustige kleine Aufträge:
- Hole mir einen Löffel, den Papierkorb und ein Handtuch.
- Hole deine Kindergartentasche und deine Mütze, lege die Tasche in die Küche und bringe die Mütze zu mir.
- Hier ist eine Tüte, gehe damit zur Mülltonne, leere die Tüte aus, und bringe aus dem Garten fünf kleine Steine. Diese legst du hier in die Schale. Mit der Schale kommst du dann zu mir.

Die Rollen können nach jedem Auftrag getauscht werden. Dann muß sich das Kind merken, was es Mutter oder Vater aufgetragen hat.
Wer etwas vergißt, muß ein Pfand abgeben.

Eine bewegte Geschichte
Die Spieler sitzen im Kreis. Jedem wird ein Wort genannt, das später in einer Geschichte oft erwähnt wird: Ball, Fahrrad, Haus, Garten, Vater, Mutter, Kind …
Die Spieler müssen sich ihr Wort gut merken und zu jedem Wort eine Bewegung aussuchen: in die Hände klatschen, mit den Füßen trampeln, unter den Stuhl kriechen, auf dem Stuhl stehen …
Der Spielleiter – ein Erwachsener oder, mit etwas Übung, ein Kind – erzählt zügig eine Geschichte. Immer wieder bringt er dabei die ausgesuchten Wörter ein, zu denen die verschiedenen Spieler dann die entsprechende Bewegung machen.
Ein Spiel, das von allen volle Konzentration fordert und dennoch viel Freude bereitet.

Gleich & gleich
Jeder Spieler erhält eine Schale oder Schüssel mit zwanzig verschiedenen Gegenständen. Diese können sowohl aus der Küche, als auch aus dem Spielzimmer sein. Doch muß in jeder Schüssel das gleiche liegen: Knöpfe, Farbstifte, Büroklammern, Bausteine, Stäbchen, Perlen, Spielautos, Topflappen, Kaffeelöffel, Topfdeckel …
Die Spieler sitzen mit ihrer gefüllten Schüssel auf dem Schoß um einen Tisch. Ein Spieler holt fünf Gegenstände hervor, die er in die Tischmitte legt. Damit die anderen Kinder Zeit haben, sich die Gegenstände einzuprägen, zählt er dabei langsam bis zehn. Danach werden die fünf Gegenstände mit einem Tuch bedeckt.
Jeder hat nun die Aufgabe, die gleichen fünf Dinge vor sich auf den Tisch zu legen. Dann wird zum Vergleich das Tuch in der Tischmitte entfernt. Wer hat die richtigen Dinge vor sich liegen?
Eine gute Gedächtnisübung für Kinder und Erwachsene!

BASTELMATERIAL

flacher Karton;
Klebstoff;
Zündhölzer;
verschiedene
Materialien
zum Ertasten;
Wellpappe;
Kneifzange

FÜHLLABYRINTH

Ein Konzentrationsspiel

Beim Spiel mit einem Fühllabyrinth übt das Kind, sich zu konzentrieren und entwickelt „Feingefühl" in den Fingern oder auch den Zehen. Das Kind hat die Augen verbunden, und tastet mit den Fingern – oder den Zehen – die Dinge im Fühllabyrinth ab. Es versucht, sich auf dem Weg im Fühllabyrinth entlangzutasten. Was ist links und rechts? Erkennt das Kind die verschiedenen Materialien?

Bastelanleitung

Einen flachen Karton mit unterschiedlichen Materialien zum Ertasten ausstatten: Zunächst einen Weg aus Zündhölzern anlegen. Mit einer Kneifzange die Köpfe abknipsen, und die Hölzchen dicht an dicht in den Karton kleben. In die Zwischenräume kommen Muscheln, Watte, Pelz, Papier, Frotteestoff und Kronkorken. Den Karton eventuell außen mit einem Streifen Wellpappe verkleiden.

PILZE & NÜSSE

Ein Gedächtnisspiel

An einem Tischende stehen selbstgebastelte Pilze. Unter fast jedem ist eine Nuß versteckt. Die Mitspieler würfeln reihum. Jeder, der eine Zwei oder eine Vier würfelt, darf einen Pilz hochheben. Ist eine Nuß darunter, darf er sie behalten. Die Pilze werden an der gleichen Stelle wieder aufgestellt. Alle Spieler sollten genau aufpassen und sich möglichst merken, unter welchem Pilz keine Nuß (mehr) liegt.

Bastelanleitung

Für einen Pilzkopf einen Kreisausschnitt aus rotem Tonpapier ausschneiden. Die Schnittkanten etwa 2 cm übereinanderschieben und verkleben. Den Pilzkopf auf eine Pappröhre kleben. Kleine Stücke weißes Seidenpapier zu Kugeln knüllen und auf den Pilzkopf setzen.

BASTELMATERIAL

10 bis 15 Röhren von Toilettenpapier;
Tonpapier in Rot;
Seidenpapier in Weiß;
Klebstoff;
Schere

VORLAGEN

Seite 78: Fliegenpilz 4

ZEIT FÜR SPIELE

Lassen Sie Ihrem Kind ausreichend Zeit und Ruhe für seine Spiele, Experimente, Bastelarbeiten und Beobachtungen. Denn nur so kann es Konzentration und Ausdauer aufbringen!

GESPENSTER-GERÄUSCHE

Hörmemorys

- Mehrere gefüllte Gespensterdöschen stehen nebeneinander. Jeder Mitspieler darf zwei Döschen hochnehmen und durch Schütteln versuchen, die Geräusche zu erkennen. Klingen die Döschen unterschiedlich, muß er sie wieder an die gleichen Plätze stellen. Hat er ein Paar gefunden, darf er die Döschen zu sich nehmen. Es geht also darum, sich die verschiedenen Geräusche einzuprägen und sich den Platz zu merken.
- Die Kinder sitzen in einem Kreis, jedes hat ein Gespensterdöschen. Ein Spieler geht in die Mitte und schüttelt sein Döschen. Nun schüttelt reihum jedes Kind sein Gespensterdöschen, bis der Mitspieler in der Mitte das Geräusch, das zu seinem paßt, gefunden hat. Die Dosen werden ausgetauscht, und ein anderes Kind geht in die Mitte.
- Gespielt wird wie zuvor. Nur sollen jetzt die Kinder im Kreis erkennen, wer das passende Geräuschdöschen hat.

Bastelanleitung

Gespenster aus weißer Folie ausschneiden. Mit schwarzem Filzstift oder Folienstift Augen und Mund aufmalen. Die Rückseite abziehen und die Gespenster auf die Döschen kleben.

Leere Filmdöschen mit verschiedenen Materialien füllen: mit Erbsen, Reis, Büroklammern, Nägeln, Sand ... Dabei kommen in jeweils zwei Dosen die gleichen Gegenstände. Diese Dosen können auf der Unterseite mit gleichfarbigen Klebepunkten markiert werden.

BASTELMATERIAL

leere Filmdosen;
selbstklebende Folie in Weiß, z.B. Adreßetiketten;
bunte Klebepunkte;
schwarzer Filzstift;
Schere

SPRACHE & SPRECHEN

Gutes Sprechen und Sprachverständnis sind wesentliche Voraussetzungen für den künftigen Schulerfolg, besonders beim Lesen- und Schreibenlernen. Erst wenn das Kind die Bedeutung der Wörter kennt, kann es beim Lesen den Text erfassen. Beim Schreiben sind eine gute Aussprache und ein großer Wortschatz von Vorteil. Gespräche und Geschichten, Rätsel und Reime leisten dazu einen wichtigen Beitrag.

<u>Auszählvers</u>
Ene, mene, minke, pinke,
fade, fude, rollke, tollke,
wiggel, waggel, weg!

<u>Die kleine Wörterhexe</u>
Ene, mene, Tintenklecks,
ich bin die kleine Wörterhex'.
Verhexe ich das Wörtchen HAUS,
so wird daraus gleich eine MAUS.

Ene, mene, Tintenklecks,
ich bin die kleine Wörterhex'.
Ich hexe dir aus einer SCHÜSSEL
mit einem L daraus den SCHLÜSSEL.

Ene, mene, Tintenklecks,
ich bin die kleine Wörterhex'.
Dem Nachbarsbuben, er heißt KLAUS,
nehm' ich das K, schon ist's 'ne LAUS.

Ene, mene, Tintenklecks,
ich bin die kleine Wörterhex'.
Ich nehme von der großen TANNE
das erste T, schon heißt sie ANNE.

Ene, mene, Tintenklecks,
ich bin die kleine Wörterhex'.
Und schenke ich der kleinen ANNE
ein großes K, so ist's 'ne KANNE.

GUT HÖREN & GUT SPRECHEN

Hört Ihr Kind gut? Dies ist die Grundlage für das Verständnis gesprochener Sprache und für ein klare Artikulation. Ihr gutes Vorbild beim Sprechen ist außerdem immer eine Hilfe für das Kind: Sprechen sie deutlich und klar, so wird auch Ihr Kind seine Worte artikuliert sprechen. Dies erleichtert ihm später das Schreiben- und Lesenlernen. Um ganz spielerisch das Hören und Sprechen zu fördern, bieten sich Reime, Zungenbrecher und Rätsel an. Kinder lieben es, diese zu wiederholen und auswendig zu lernen. So wird nebenbei das Gedächtnis trainiert.

ZUNGENBRECHER

Zungenbrecher werden zunächst vom Erwachsenen langsam gesprochen, wiederholt und dann immer schneller vom Kind nachgesagt. Wer den Vers dreimal hintereinander sprechen kann, ist schon ein kleiner Sprechkünstler.

Ein krummer Krebs kroch über eine krumme Schraube.

Hinter Hermann Hannes' Haus
hängen hundert Hemden raus.

Früh in der Frische
fischen Fischer frische Fische.

Der Schiffer sitzt auf seinem Schiff
und schneidet frischen Fisch.

Frau Immer sagt immer,
's geht nimmer schlimmer
mit ihrem Herrn Immer im Zimmer.

Zwischen zwei Zwetschgenbaumzweigen
zwitschern zwei geschwätzige Schwalben.

Zehn Ziegen zogen zehn Zentner Zucker zum Zoo.

RÄTSELRATEN

Schon vor alter Zeit wurden Rätsel ersonnen und eingesetzt, um in verschlüsselter Sprache Gedanken, Ideen und Vorsätze zu verbergen und um sich vor bösen Kräften zu schützen. Noch heute lieben Kinder die geheimnisvolle Umschreibung, die Rätsel bieten:
- Rätsel zeigen dem Kind, wie man auf verschiedene Art über einen Gegenstand oder eine Szene sprechen kann.
- Rätsel fördern und erweitern spielerisch den Wortschatz des Kindes und die Wahrnehmung seiner Welt.
- Die Bildhaftigkeit der Rätsel reizt das Kind zum Denken in Bildern, was für das spätere Schreiben- und Lesenlernen und die Entwicklung der Fantasie förderlich ist.
- Das Kind entwickelt beim Rätselraten geistige Aktivität und Beweglichkeit.
- Das Kind erlebt, daß es bei bestimmten Fragen (zunächst) ratlos ist, also die Antwort nicht gleich geben kann. Dies wiederum spornt es an, über eine Sache weiter nachzudenken – und wenn es tagelang dauert.
- Rätselraten erfordert aufmerksames Zuhören, es verlangt geistige Disziplin.
- Und ganz nebenbei wird beim Rätselraten in Gesellschaft auch die Kontaktfähigkeit der Kinder untereinander gefördert.

Rätselreime

Gelb ist die Sonne,
blau ist das Meer.
Bald bin ich ein Schulkind
und das freut mich … (sehr).

Grün ist die Wiese,
und weiß blüht der Klee.
Dem Kindergarten sag' ich
nun bald schon … (ade).

Doch gern' komm ich wieder
zu Besuch bei Euch rein,
mach' mit Euch Spiele –
und lauf' wieder heim.

In einem großen Haus
geh' ich bald ein und … (aus).
Meist sitz' ich dort auf einem Stuhle.
Jetzt weißt du es, es ist die … (Schule).

Mein Lehrer soll stets freundlich sein,
dann bin ich's auch von ganz … (allein).

Mit meinem bunten Ranzen
möcht' ich vor Freude … (tanzen).

Zeichen und Bilder hat es genug,
und kann ich erst lesen,
dann macht es mich … (klug).
(Das Buch.)

Hoch über der Schule aus Beton
fliegt ein blauer Luft … (ballon).

Eins und eins macht zwei.
Die Henne legt ein … (Ei).

Die Katze ruft miau,
der Hund bellt laut … (wau-wau).

Wir laufen ohne Schuh' und Strümpfe,
durchs nasse Gras bis in die … (Sümpfe).

Die Dornen von der Rose
pieken mich durch meine … (Hose).

Der Schneider braucht eine scharfe Schere.
Die Jäger zum Jagen gute … (Gewehre).

Aus diesem großen Brett
macht der Schreiner ein … (Bett).

GUTES BEISPIEL

- Lesen Sie, wann immer es Ihnen möglich ist, Ihrem Kind Geschichten, Märchen, Rätsel und Reime vor.
- Schreiben Sie, beispielsweise den Einkaufszettel, in Gegenwart des Kindes. So sieht es, daß Wörter und Gedanken in Schriftzeichen zu Papier gebracht werden.
- Nehmen Sie selbst immer wieder ein Buch, eine Zeitung oder eine Zeitschrift zur Hand. Dies ist das beste Beispiel dafür, daß Lesen unterhaltend und informativ ist!

RATESPASS MIT MÄRCHEN

Welches Märchen ist denn das?

Vom Pflaumenmus nahm er vier Lot
und schlug dann sieben Fliegen tot.
Er quetschte Wasser aus dem Stein,
schoß in die Luft ein Vögelein,
hat noch zwei Riesen umgebracht
und wurde dann bald zum König gemacht.
Wer war das?
(Das tapfere Schneiderlein.)

Wer wollte mit Wein und Kuchen
im Wald die Großmutter besuchen?
(Rotkäppchen.)

Im Märchen gibt's einen kleinen Wicht,
der nannte seinen Namen nicht.
Er spann wohl Stroh zu Gold,
doch dafür er ein Kindlein wollt'.
Ich seh' dir an, daß du es weißt,
wie der Wicht mit Namen heißt!
(Rumpelstilzchen.)

Es ließ mal eine Mutter
ihre sieben Kinder zu Haus.
Doch als sie zurückkam,
schien das Glück für sie aus.
Denn sie fand versteckt
drin in der Uhr
von den sieben Kindern
ein einziges nur.
Der Wolf ertrank im Wasserloch -
die Kinder leben heute noch.
Wie heißt das Märchen?
(Der Wolf und die sieben Geißlein.)

Ich kenne ein Märchen,
auch dir ist's bekannt,
da hat der König
alle Spindeln verbrannt.
Versteckt war noch eine –
seine Tochter sie fand,
sie nahm sie an sich,
stach sich in die Hand.
Mit ihr fielen alle in tiefen Schlaf,
bis ein Prinz hinter hohen Hecken sie fand.
Wie heißt die Königstochter?
(Dornröschen.)

Kennst du einen König,
einen grünen, kleinen?
Er holte eine Kugel
und hüpfte auf vier Beinen.
Im Königsschloß saß er
mit der Prinzessin so nett,
und später wollt' er
zu ihr noch ins Bett.
Sie nahm ihn mutig
in ihre Hand
und warf ihn kräftig
gegen die Wand.
Wie heißt der König?
(Froschkönig.)

Wer jagte listig
mit Iah und Wauwau,
mit Kikeriki
und Miaumiau
die bösen Räuber
aus ihren Bau?
(Die Bremer Stadtmusikanten.)

Ein Königskind war hübsch und fein,
doch die Stiefmutter wollte die Schönste sein.
Um das Kind zu töten, kam ihr in den Sinn,
sich zu verkleiden als alte Händlerin.
Sie bot ihm Bänder, Kamm und Apfel an.
Wie heißt das hübsche Kind, sag's an!
(Schneewittchen.)

Welch kluges Tier wollte mit einem Hasen
auf einem langen Feld um die Wette rasen?
(Der Igel.)

Zwei Kinder haben an einem Haus genascht,
dabei hat sie eine böse Hexe überrascht.
Wie heißen die Kinder?
(Hänsel und Gretel.)

Wie heißt die Frau,
die den Fleiß belohnte,
das Kind vergoldete
und die Spindel holte?
Der Hahn auf dem Mist
schrie laut „Kikeriki!
Seht nur, wer hier ist,
es ist die Goldmarie."
(Frau Holle.)

RÄTSEL SELBSTGEMACHT!

Sie können sich mit Ihrem Kind auch selbst einige Rätsel ausdenken. Einmal probiert, schon werden Sie merken, wie einfach das geht und wieviel Freude es dem Kind bereitet.

● Der eine beschreibt das Aussehen und die Lebensgewohnheiten eines Tieres. Der andere muß dann den Namen des Tieres erraten.
Hier ein Beispiel: Welches Tier lebt gerne auf der Wiese, frißt Raupen und Würmer, ist blind und wirft hohe Erdhügel auf? (Der Maulwurf.)

● Oder Sie stellen Fragen aus der Märchenwelt:
Wie heißt das Märchen, in dem der Hirsebrei unermeßlich über den Topfrand lief? (Der süße Brei.)
In welchem Märchen hat eine Ziege einen Schneider an der Nase herumgeführt. (Tischlein deck dich.)
Vielleicht kommen Sie über diese Rätsel auch wieder dazu, Ihrem Kind ein Märchen oder eine Geschichte zu erzählen oder vorzulesen.

LESEN & SCHREIBEN

ÜBUNG MACHT DEN MEISTER

Das für das spätere Schreiben erforderliche Zusammenspiel von Händen und Augen sowie eine gute Feinmotorik lassen sich nicht erst wenige Wochen vor Schulbeginn antrainieren! Hier kommen jahrelange Erfahrungen, die das Kind beim Basteln und Spielen machen konnte, zum Tragen.

Einem Kind schon vor der Einschulung das Lesen oder Schreiben beizubringen ist nicht sinnvoll! Darüber sind sich heute alle Pädagogen einig.
Eltern haben aber die Möglichkeit, Ihr Kind auf das Lesen- und Schreibenlernen vorzubereiten.
Die besten Gelegenheiten bieten hier:
- kleine Verse zum Sprechen und Spielen,
- Geschichten und Bilderbücher,
- das Malen auf vielfältige Weise,
- das Basteln mit den verschiedensten Materialien ...

ZUSAMMENSPIEL VON AUGEN & HÄNDEN

Eine wichtige Voraussetzung fürs Schreibenlernen ist eine gute Feinmotorik. Das Kind sollte mit seinen Fingern verschiedene Tätigkeiten geschickt ausführen können. Dazu ist ein fein abgestimmtes Zusammenspiel von Augen und Händen notwendig.
Besonders deutlich wird dies bei den Bewegungen, die nötig sind, um einen Stift oder eine Schere zu führen – zunächst beim Malen und Schneiden, später in der Schule beim Schreiben.
Also: Nicht nur die Hand führt den Stift oder die Schere, sondern auch die Augen gehen mit und führen!
Nur wenn Augen und Hände miteinander arbeiten, können Striche und Bögen, Punkte und Kreise, Buchstaben und Zahlen auf den Schreiblinien oder in den Rechenkästchen stehen; können Formen ausgemalt oder ausgeschnitten werden, ohne daß der Stift oder die Schere über die Linien fährt.

LINKSHÄNDER SCHAFFEN'S MIT LINKS

- Machen Sie sich keine Sorgen, wenn Ihr Kind Linkshänder ist.
- Weisen Sie spätestens beim Schulbeginn den Lehrer, die Lehrerin darauf hin.
- Etwa zehn Prozent aller Schüler sind Linkshänder, ohne deswegen beim Schreibenlernen Probleme zu haben.
- Zwingen Sie Ihr Kind nicht, Rechtshänder zu werden. Dies kann zu Störungen führen: Sprach- und Bewegungsprobleme, auch Konzentrationsmangel können die Folge sein.
- Kaufen Sie Ihrem Kind eine Linkshänderschere.
- Fürs spätere Schreiben bietet der Fachhandel Linkshänderfüller an.

SPIELE FÜR AUGEN & HÄNDE

Ringwurfspiele

Beim Spiel mit einem Ball oder Wurfring aus Gummi müssen sich Hände und Augen gut verstehen: Die Hände werfen den Ring oder Ball, die Augen verfolgen seinen Flug, die Hände fangen den Ring oder Ball wieder auf. Wurfspiele fördern außerdem die Geschicklichkeit. Hier ein paar Beispiele:
- Ein Wurfring aus Gummi (im Spiel- und Sportwarenhandel erhältlich) wird ein wenig in die Luft geworfen und mit einer Hand in der Luft wieder aufgegriffen. Dabei kann mal die linke, mal die rechte Hand zufassen.
- Den Ring in die Luft werfen. Wenn er wieder herunterkommt, steckt das Kind die ganze Hand gestreckt durch den Ring, so daß dieser vom Arm aufgefangen wird.
- Einen Stock in den Sand oder in eine Wiese stecken. Aus etwa drei Metern Entfernung soll nun versucht werden, den Ring über den Stock zu werfen.

● Zwei oder drei Spieler, jeweils zwei Meter voneinander entfernt, werfen sich gegenseitig den Ring zu und fangen ihn geschickt. Zuvor einigt man sich, wie der Ring gefangen werden muß: mit der rechten oder linken Hand greifen, über den ausgestreckten Arm oder über ein Stöckchen gleiten lassen, das jeder Spieler in der Hand hält.
Wer es komplizierter liebt, vergrößert die Abstände zwischen den Spielern, dreht sich vor dem Auffangen um seine eigene Achse und schnappt den Ring dann rasch mit der Hand!

Spritzspiel

Eine leere Spülmittelflasche oder Wasserspritzpistole wird mit Wasser gefüllt. Dann kann das Kind versuchen, im Freien aufgestellte Ziele mit dem Wasserstrahl aus der Flasche oder der Pistole zu treffen – aus einigen Schritten Entfernung versteht sich! Als Zielscheibe eignen sich: leere Plastikflaschen, ein Wasserball, ein umgestülpter Eimer oder ein mutiger Spielkamerad in Badehose.

Zielwerfen

Drei leere Eimer werden so nebeneinander auf den Boden gelegt, daß ihre Öffnungen nach vorne zeigen. Sie sind die Ziellöcher. Aus einigen Schritten Entfernung versuchen die Kinder nun, einen Tennisball in einen der Eimer zu rollen. Bei einem Treffer in den mittleren Eimer gibt es drei Punkte, beim linken Eimer fünf Punkte, beim rechten einen Punkt.
Wer die höchste Punktzahl erreicht, ist Sieger.

Zeitungsschlange

Jedes Kind bekommt einen großen Bogen Zeitungspapier. Die Aufgabe besteht darin, die Zeitung, am äußeren Rand beginnend, so einzureißen, daß eine möglichst lange Schlange entsteht!

Spiegelbilder

Zwei Kinder stehen sich gegenüber und halten ihre Handinnenflächen so gegeneinander, daß sie sich fast berühren. Ein Kind beginnt, seine Hände, in dieser Stellung bleibend, zu bewegen, während das Gegenüber die Bewegungen gleichzeitig nachmacht – und zwar spiegelbildlich.

Die Glocke

An einen Ast oder eine Stuhllehne wird eine Glocke gebunden. Aus ein paar Schritten Entfernung muß nun versucht werden, die Glocke mit einem kleinen Ball oder einer Kugel aus zusammengeknülltem Zeitungspapier zu treffen. Bei jedem Treffer läutet die Glocke.

Pusteball

In eine große Schachtel wird ein faustgroßes Loch geschnitten. Das Kind hockt sich davor und versucht, einen kleinen Watteball, der auf der Schachtel liegt, mit einem Trinkhalm in das Loch zu blasen.
Noch mehr Spaß macht das Spiel, wenn zwei Kinder sich gegenüberhocken und gemeinsam versuchen, die Kugel ins Loch zu pusten.

Kegeln

Neun Sektflaschenkorken werden wie bei einem großen Kegelspiel aufgestellt: in der hinteren Reihe vier Korken, in der mittleren Reihe drei Korken, vorne zwei Korken. Jeder Spieler erhält drei Glasmurmeln zum Kegeln.
Bei älteren Kindern können die Kegel auch mit Zahlen versehen werden. Die Zahlen auf den umgefallenen Kegeln werden nach dem dritten Wurf zusammengezählt.

ZIELEN

Bei Wurf- oder Murmelspielen peilen die Augen das Ziel an, die Hand wirft den Ball oder die Murmel. Auch das altbekannte „Dosenwerfen" ist eine gute Übung, um das Zusammenspiel von Augen und Händen zu fördern.

Kunstwerke

Betrachten Sie mit Ihrem Kind von Zeit zu Zeit Kunstwerke von großen Künstlern. Das Kind entdeckt hier, wie vielseitig mit Farben und Materialien umgegangen werden kann.

Kennenlernen

Lassen Sie dem Kind genügend Möglichkeiten, verschiedene Materialien selbständig auszuprobieren.

Malen & Basteln

- Lassen Sie Ihr Kind, so oft es möchte, malen und basteln.
- Große Papierbögen eignen sich besonders gut zum Malen. Auch Restrollen von Tapeten finden in Kinderhänden immer eine gute Verwendung.
- Verschiedene Papiersorten vermitteln dem Kind verschiedene Erfahrungen: Rauhes oder glattes Papier verhält sich beim Schneiden oder Reißen, beim Bemalen und Falten anders als dickes oder dünnes Papier.
- Auch Farben zum Bemalen von Papier oder Pappe, Holz oder Glas, Stoff oder Gummi gibt es in großer Auswahl. Außer den üblichen Buntfarbstiften haben auch Wachsmalkreiden, Aquarellfarben und Deckmalfarben für das Kind einen Reiz.

Filzstifte – ja oder nein

Filzstifte haben insbesondere den Nachteil, daß sich kein „echter Kontakt" zum Papier herstellen läßt: Die eigenen Bewegungen und Schwingungen können vom Kind kaum kontrolliert, gespürt, beobachtet werden. Denn ganz gleich, ob es den Filzstift fest oder leicht aufs Papier setzt, schräg oder senkrecht, ein Filzstift zeichnet immer gleich. Wachsmalstifte oder dicke Holzfarbstifte bieten wesentlich mehr Erfahrungsmöglichkeiten und erlauben vielfältige Effekte. Mit diesen Stiften läßt sich wirklich experimentieren. Probieren Sie's einmal zusammen mit Ihrem Kind aus.

Schatzkiste

Pappschachteln lassen sich gut zu Schatzkisten umgestalten. Dabei kann das Kind seiner Fantasie freien Lauf lassen und alle möglichen Materialien und Gestaltungstechniken ausprobieren.

Bastelanleitung

Alle Papiere, mit denen die Schatzkiste beklebt wird, sind gerissen.
Zuerst die Schachtel mit Tapetenkleister einstreichen. Rundum große Stücke Japanpapier so aufkleben, daß sie sich überlappen. Trocknen lassen.
Ein Stück Rauhfasertapete mit Deckfarben bemalen. Zusammen mit anderen Papieren in Stücke reißen, auf dem Karton zu Blumen arrangieren und aufkleben. Einzelne Blütenblätter oder Punkte mit Deckfarben aufmalen.
Kreppapier zu kleinen Kugeln knüllen und aufkleben.

Farben

Lassen Sie Ihr Kind ausprobieren, wie nuancenreich sich allein mit wenigen Holz- oder Wachsmalstiften malen läßt. Es ist interessant zu beobachten, wie sich Farben verhalten, wenn die Hand den Holz- oder Wachsmalstift fest oder leicht übers Papier führt oder wenn eine Farbe mit einer anderen übermalt wird.

Bastelmaterial

Pappschachtel, z.B. Schuhschachtel; verschiedene Papiere: Rauhfasertapete, Kreppapier, Japanpapier, Aluminiumfolie; Deckfarben; Tapetenkleister; Klebstoff

GEWUSST, WIE

Bunte Bilder entstehen auf dem Papier nicht nur mit Farbstiften. Wie wär's mal mit Finger- oder Wasserfarben? Oder mit Klebebildern aus Papier- und Stoffresten in verschiedenen Stärken und Strukturen? Ja sogar mit Erde läßt sich malen; auch Sandbilder machen große Freude.

MUT TUT GUT

Loben und ermutigen Sie Ihr Kind. Anerkennung und liebevolle Zuwendung helfen ihm, sein Ziel zu erreichen!

MALEN MIT REIMEN

Nicht alle Kinder sind vom Malen begeistert. Und meistens fällt genau diesen Kindern später der Umgang mit dem Stift und kleinteiligen Zeichen schwerer. Verse können oft hilfreich sein und Kindern Lust aufs Malen machen: Mit lustigen Sprüchen wird die Hand geführt, und keiner erwartet von dem Kind, daß es „ein schönes Bild malt".

„Bunte Stifte hab' ich hier,
nun schenk' ich dir
ein Stück Papier!"

Die Achterbahn

Mit dieser riesengroßen Acht
hab' ich mir etwas ausgedacht.
Diese Acht ist eine Bahn,
auf der ich prima fahren kann.
Als Fahrzeug wähl' ich Wachsmalkreide,
saus' mit herum, das ist 'ne Freude.
Zum Schluß hab' ich 'ne bunte Acht.
Das habe ich mir ausgedacht.
Probier's doch auch mal aus zum Spaß
auf Papier, auf Pappe –
oder lauf eine Acht im Gras.

Eine Katze für den Franz

Ein runder Kreis, das ist der Kopf.
Zwei Dreiecke auf diesen Schopf,
schon siehst du ihre Ohren,
damit wurd' sie geboren.

Einen ovalen Bauch,
ein runder tut's auch,
mal' ich noch dran,
schau's dir nur an.

Beine hat die Katze vier,
die siehst du deutlich hier.
Jetzt hinten noch den Schwanz –
das ist die Katze für den Franz.

Die goldene Sonne

So rund ist meine Sonne,
goldgelb ihr Angesicht.
Ich male ihr noch Strahlen,
so wärmt sie dich und mich.

Das Haus der Maus

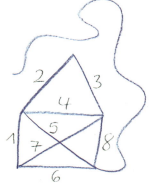

In diesem Haus
lebt eine Maus.
Und hier
läuft sie heraus.

Bei den Worten „Und hier läuft sie heraus" flitzt das Kind mit seinem Stift kurvenreich übers Papier, möglichst ohne das Haus zu durchkreuzen – das macht Spaß!

BASTELMATERIAL
Papier in Weiß;
Pappe;
Glas oder andere
Schablonen;
Bleistift;
Buntstifte;
Wachsmalstifte;
Klebstoff;
Notizbüchlein;
Schere

MUSTER MALEN

Kinder malen gerne Muster. Sie mögen Wiederholungen und stets erweiterbare „Bilder". Beim Malen von Mustern haben außerdem auch weniger malbegeisterte Kinder schöne Erfolgserlebnisse.

Bastelanleitung

Auf einem weißen Blatt Papier mit einer Schablone (Glas, Pappform) und einem Bleistift Umrisse zeichnen, die sich überschneiden. Die entstandenen Formen mit Buntstift oder Wachsmalstiften ausmalen. Durch unterschiedlichen Druck können unterschiedliche Farbeffekte entstehen.

Ein ganz „zufälliges" Muster ergibt sich. wenn man eine Handvoll Gummiringe auf ein Blatt Papier wirft. Das Kind kann versuchen, das Muster, das die Gummiringe zeigen, mit einem Stift auf ein anderes Papier zu übertragen. Dann dürfen die Formen ausgemalt werden.

Ein fertiges Musterbild kann auf die Vorder- und Rückseite eines kleinen Buches oder Heftes geklebt werden.

BUNTES AUS PAPIER

Einen Kreis zu einer Schlange schneiden: das ist eine gute Übung für das Zusammenspiel von Augen und Händen! Kombiniert mit bunten Stiften aus Papier, wird die Schlange zu einem schönen Drehbild. Die gleichen Stifte eignen sich leicht vergrößert auch als Lesezeichen.

Schreibtischgespräch

Der Farbstift sprach zum Blatt Papier:
„Bleib mal hier,
ich mach' aus dir
wunderschönes Buntpapier."

Der Bleistift klagt:
„Wenn stets einer auf mir nagt,
werd' ich immer häßlicher,
bis niemand mich mehr mag."

Die Schere sprach zum Tonpapier:
„Aus dir mach' ich ein schönes Tier!"
Sie schnitt 'ne Weile,
gar nicht lange,
und aus dem Kreis
wurd' eine Schlange.

Bastelmaterial

Tonkarton in Hellblau, Hellbraun;
Tonpapier in Hellgrün, Mittelgrün, Hellrot, Dunkelrot, Gelb, Pink, Lila, Hellblau, Mittelblau, Orange;
Nylonfaden;
Schere;
Klebstoff;
Nadel

Vorlagen

Seite 78:
Stifte 5a–5b

Bastelanleitung: Drehbild

Aus hellblauem Tonkarton einen Kreis von 21 cm Durchmesser ausschneiden. Von außen nach innen spiralförmig eine 2,5 cm breite Schlange ausschneiden. Dem Kind eventuell zuvor Hilfslinien einzeichnen, an denen es entlangschneiden kann.

Die Grundform von kleinen Buntstiften auf hellbraunen Karton übertragen und ausschneiden. Für die mittlere Fläche je zwei gelbe, hellrote und hellgrüne Streifen aus Tonpapier fertigen. Für die äußeren Flächen je vier Streifen aus orangefarbenem, dunkelrotem und mittelgrünem Tonpapier zuschneiden. Die Buntstiftspitze zweimal aus einem jeweils helleren Farbton ausschneiden. Alle Motivteile beidseitig aufkleben.

Einen langen Nylonfaden mit einer Nadel am Mittelpunkt des Schlangenkreises befestigen. In einigem Abstand die Buntstifte auffädeln und jeweils mit einem Knoten sichern.

Bastelanleitung: Lesezeichen

Die großen Buntstift-Lesezeichen wie die kleinen Buntstifte des Mobiles arbeiten. Dabei die Vorlage des großen Buntstifts verwenden.

Vertrauen

Haben Sie Vertrauen in das, was Ihr Kind beginnt, und verurteilen Sie seine Ideen nicht schon am Anfang zum Scheitern.

BASTELMATERIAL
Fotokarton;
dicke Nähnadel;
Stopfgarn in verschiedenen Farben;
Bleistift;
Farbstifte;
Schere

VORLAGEN
Siehe Seite 75:
Nähbilder 6a–6c

SEHEN & DREHEN
Auch bei Steck- und Konstruktionsspielen (Spielwarenhandel), bei Fadenspielen oder beim Auffädeln von Perlen wird das Miteinander von Augen und Händen gefördert: Die Augen sehen das Loch, die Finger drehen die Schraube oder den Stöpsel hinein, sie führen die Nadel oder die Perlschnur …

BUNTE NÄHBILDER

Schneiden, nähen, malen ist bei bunten Nähbildern gefragt: ein Training für Finger und Augen.

Bastelanleitung
Auf Fotokarton eine Karte aufzeichnen und die Umrisse einer Birne oder Sonne, eines Blattes oder Schulranzens aufzeichnen. Das Kind kann nun die Karte ausschneiden und auf den gezeichneten Umrißlinien mit einer Nähnadel Löcher im Abstand von etwa 1 cm einstechen. Stopfgarn durch die Nadel ziehen, und den doppelten Faden verknoten, dann rutscht er beim Nähen nicht aus dem Öhr. Nun mit einfachen Nähstichen auf den Linien entlangnähen. In der zweiten Nährunde werden die Lücken zwischen den Stichen geschlossen.
Die Fadenenden auf der Rückseite verknoten, und das Motiv mit Farbstiften bunt ausmalen.

SCHWARZE KATZE

Beim Basteln einer Fensterbildkatze kann sich das Kind im Umgang mit Papier üben: Es kann schneiden, falten, knüllen, kleben und auch malen.

Bastelanleitung
Katzenkörper und Füße auf schwarzen Tonkarton aufzeichnen und ausschneiden. Am Körper und an den Füßen einen Falz umknicken.
An einigen Stellen des Körpers mit einem Borstenpinsel weiße Deckfarbe auftupfen. Trocknen lassen, und genauso die Rückseite bemalen.
Aus grünem Tonpapier Augen ausschneiden und ankleben, mit schwarzem Filzstift Pupillen aufmalen.
Schwarzes Kreppapier zu einer Kugel knüllen und als Nase aufkleben. Einige schmale Streifen aus schwarzem Tonpapier als Barthaare mit einfassen.

Vier Streifen Tonkarton (50 x 3,3 cm) zuschneiden. Jeweils zwei Streifen an einem Ende im rechten Winkel aufeinanderkleben und abwechselnd übereinanderschlagen, so daß eine „Hexentreppe" entsteht. Die Enden ebenfalls zusammenkleben. Die Beine am Klebefalz des Körpers fixieren. Ebenso die Füße ankleben. Einen Aufhängefaden anbringen.

Bastelmaterial

Tonkarton in Schwarz; Tonpapier in Schwarz und Grün; Rest Kreppapier in Schwarz; weiße Deckfarbe; schwarzer Filzstift; Schere; Klebstoff; Lineal; Borstenpinsel; Aufhängefaden; Nadel

Vorlagen

Seite 79: Katze 7a–7b

Mach mal Pause

Gönnen Sie Ihrem Kind bei längeren Bastelarbeiten oder großen Aufgaben auch eine Pause! „Gut Ding will Weile haben!"

Von Zahlen & vom Zählen

Mit dem Fernsehen?

Bedenken Sie, ob das Computerspiel, das Fernsehen oder teure Vorschulprogramme dem Kind ebensolche Erfahrungssituationen liefern können wie die reale Spielwelt. Ein Kind kann ja die Bilder am Bildschirm weder er-fassen, noch be-greifen. Für das Kind verwertbare Erfahrungssituationen liefern Erlebnisse im Haus, im Garten, im Wald, am Wasser, im Kindergarten, mit anderen Kindern …

Schon Vierjährige können mit Stolz behaupten: „Fünf und zwei gibt sieben!" Wenn ein Kind diesen Satz sagt, bedeutet dies noch lange nicht, daß es schon rechnen kann oder eine Vorstellung von den genannten Mengen und Zahlen hat. Es hat diese kleine Rechnung aufzusagen gelernt wie die Behauptung: „Unser Auto fährt mit Katalysator!" Und niemand käme auf die Idee zu glauben, daß dieses Kind schon weiß, was ein Katalysator ist und wie er funktioniert. Doch noch bevor das Kind in die Schule kommt, beherrscht es in der Regel die Zahlenreihe bis zehn: Es zählt spielend: eins, zwei, drei … bis zehn. Es erkennt auf dem Würfel die Menge der Punkte und nennt dazu die entsprechende Zahl. Manche Kinder können sogar schon vor Schulbeginn Zahlen lesen wie beispielsweise die Ziffern auf einer großen Bahnhofsuhr.

Zahlen schreiben und damit rechnen lernt das Kind allerdings erst in der Schule. Die Vermittlung ist nicht die Aufgabe der Vorschule oder des Elternhauses. Dennoch können Eltern viel tun, damit ihren Kindern später das Rechnen in der Schule leichter fällt.

Die Welt be-greifen

Das Rechnen in der Schule setzt zahlreiche Erfahrungen voraus: Das Kind soll schon früh auf vielfältige Weise die Dinge, von denen es tagtäglich umgeben ist, erproben, mit seinem Spielzeug spielen und experimentieren. Nur so hat es Gelegenheit, auch die Eigenschaften der Materialien kennenzulernen und festzustellen:
- Dünnes Papier zerreißt leichter als fester Tonkarton …
- Papier läßt sich falten, bemalen, knüllen …
- Holzstücke sind unterschiedlich schwer und fest …
- Holz schwimmt, es läßt sich sägen und schnitzen …
- Knete ist weich und gut formbar …

Spielzeug und andere Materialien kennenlernen bedeutet: die „Spielwelt" mit den Händen be-greifen und er-fassen. Diese vielfältigen Erfahrungen sind auch in der Welt der Zahlen notwendig. Denn das Be-greifen von Zahlen, Mengen, Rechnungen setzt Erfahrungen voraus. Bevor das Kind in der Schule lernt, mit Zahlen zu rechnen, muß es die Menge von beispielsweise vier be-griffen, erfahren haben. Das läßt sich leicht auf spielerische Weise im Alltag verwirklichen. Geben Sie dazu Ihrem Kind immer wieder konkrete Aufträge.

Aufgaben rund ums Zahlenverständnis

- Mit den Händen acht Äpfel in den Korb legen.
- Beim Wäscheaufhängen sechs Wäscheklammern reichen.
- Für eine Bastelarbeit zehn Nüsse vergolden.
- Bonbons mit den Freunden selbständig teilen.
- Für einen Pfannkuchenteig drei Eier, zwei Tassen Milch und vier Tassen Mehl bereitstellen.
- Einen Pullover aus der dritten Schublade von oben herausholen.

- Zehn Kartoffeln in die Schüssel legen.
- Das kürzeste Brett oder das kleinste Blatt heraussuchen.
- Auf den vierten Klingelknopf von unten drücken.
- Zwei rote, drei blaue und eine grüne Perle zu einer Kette auffädeln.

Eine gute Vorstellung

Die beste Voraussetzung für das Rechnenlernen, das ja „Kopfarbeit" bedeutet, bietet also die „Handarbeit", bei der das Kind die Mengen tatsächlich be-greifen und er-fassen kann. So wird aus dem kleinen „Hand-Werker" später in der Schule der kleine „Rechen-König". Eine gute Grundlage für das Rechnenlernen, für das logische Denken überhaupt, ist ein gutes Vorstellungsvermögen von Mengen und Zahlen. Vorstellungen ergeben sich aus Erfahrungssituationen. Wenn ein Kind immer wieder erfahren hat, wieviel beispielsweise drei Äpfel oder sechs Wäscheklammern wirklich sind, hat es diese „Bilder" im Kopf gesammelt und hier wie in einem Computer gespeichert. So entsteht beispielsweise aus der Vorstellung von drei Äpfeln später die geschriebene Ziffer 3 im Rechenunterricht.

Zählverse

Zeigt Ihr Kind vor der Einschulung Interesse an Zahlen, will es wie „die Großen" rechnen, so gehen Sie auf diese Neugierde spielerisch ein. Kleine Zählverse oder Spiele mit Mengen und Zahlen werden von Kindern mit Begeisterung aufgenommen. Dabei wird keine Rechnung, keine Lösung von Rechenaufgaben verlangt!

Eins, zwei, drei, vier,
ich trinke niemals Bier.
Fünf, sechs, sieben, acht,
ein Hund hält bei uns Wacht.
Neun, zehn, elf, zwölf,
im Wald heulen die Wölf'.

Vier Kinder fahren mit dem Bus.
Zwei steigen aus –
wieviel sind's am Schluß?

Komm mal her und sage mir,
wieviel Finger fühlst du hier?
(Anstelle der Finger können auch Nüsse, Rosinen oder Knöpfe auf den Tisch gelegt werden.)

Die Rechenhexe
Zwei mal drei macht sechs,
ich bin die Rechenhex'.
Vier und drei gibt sieben,
grüne Bohnen, gelbe Rüben.
Fünf und fünf gibt zehn,
das kannst du selber sehn:
Zähl's an beiden Händen,
dann woll'n wir das Rechnen beenden.

Spielzeug

Schenken Sie Ihrem Kind ausreichend Gelegenheit, daß es in Ruhe mit seinem Spielzeug und verschiedenen anderen Materialien wie Holz, Papier, Pappe, Sand, Erde, Wasser spielen und experimentieren kann. Bedenken Sie beim Kauf: gutes Spielzeug bietet dem Kind immer verschiedene Spielmöglichkeiten.

Bastelmaterial

Figuren:
Besenstiel;
Filz in verschiedenen Farben;
kleine Holzperlen in Rot;
Rest Schaffell oder Watte;
wasserlösliche Lackfarben in Schwarz, Rot, Weiß;
roter Buntstift;
Säge;
Schleifpapier;
Klebstoff;
Schere

Spielfeld:
Tonkarton in Grün (50 x 70 cm);
Tonpapier in Hellgrün, Weiß, Rot;
Klebstoff;
Schere

Vorlagen

Seite 79:
Spielfeld 8a–8b

ZEHN HAMPELMÄNNER

Ein Singspiel

Ein lust'ger Hampelmann wollt' nicht alleine sein,
er suchte und fand einen Freund:
„Komm' mit, ich lad' dich ein!"
Zwei kleine Hampelmänner machten Zauberei,
sie zauberten ganz wild herum,
und plötzlich waren's drei.
Drei kleine Hampelmänner spielten gern Klavier,
ein Zuhörer war int'ressiert:
Und schon spielten hier vier.
Vier kleine Hampelmänner, kochten gut und fein.
Da kam ein fünfter angerannt:
„Möcht' gern Probierer sein."
Fünf kleine Hampelmänner schliefen tief und fest,
irgendwann kam in der Nacht
ein sechster in ihr Nest.
Sechs kleine Hampelmänner flogen mal zum Mond,
hier lebte auch ein Hampelmann,
die Reis' hat sich gelohnt!
Sieben kleine Hampelmänner klopften an die Tür,
da rief's von innen:
„Kommt herein, willkommen seid ihr mir."
Acht kleine Hampelmänner spielten gern im Heu,
hier fanden sie Fritz Hampelmann,
und mit ihm waren's neun.
Neun kleine Hampelmänner sah man wandern gehn,
da trafen sie noch einen Freund,
jetzt endlich waren's zehn.
Zehn kleine Hampelmänner liefen froh nach Haus',
sie tanzten, sangen, spielten viel.
Das Lied ist endlich aus.

Auf die Melodie von dem bekannten Lied „Zehn kleine Negerlein" lassen sich die Verse mit den Fingern oder mit zehn Spielfiguren aus einer Spielesammlung oder mit einer Gruppe von zehn Kindern leicht nachspielen.
Wer möchte kann auch lustige Spielfiguren aus Holz selbst herstellen (siehe Bastelanleitung). Kinder dürfen beim Ausgestalten mithelfen.

HAMPELMÄNNCHEN UNTERWEGS

Würfelspiele

Bei einem Würfelspiel üben Kinder spielerisch den Umgang mit Zahlen.
Hier ein paar Vorschläge:
- Jeder Mitspieler stellt seine Figur auf den unteren Pilz des Spielfeldes. Jetzt wird reihum gewürfelt. Wer auf ein Kleeblatt kommt, hat Glück und darf noch einmal würfeln. Gewonnen hat, wer zuerst beim anderen Pilz angelangt ist.
- Der Langsamste gewinnt. Wer auf ein Kleeblatt hüpft, hat Glück und darf drei Felder zurück.
- Jeder Spieler spielt mit mehreren Figuren. Wer eine Sechs würfelt, setzt eine neue Figur ein – bis alle unterwegs sind. Welche Figur weiterzieht, bleibt den Spielern überlassen. Keine der Figuren darf ein Kleeblatt überspringen! Deshalb heißt es immer gut aufpassen und genau zählen! Wer hat zuerst alle Männchen ins Ziel gebracht?

Bastelanleitung: Spielfiguren

Von einem Besenstiel zehn Stücke à 5,5 cm absägen. Kanten mit Schleifpapier glätten.
Aus buntem Filz zehn verschiedenfarbige Kreisabschnitte für den Hut zuschneiden, an einer Kante mit Klebstoff bestreichen und zusammenkleben. Anschließend oben am Holzstück fixieren.

Aus buntem Filz zehn Streifen von 3 x 10 cm zuschneiden und unten um die Holzstückchen kleben.
Rote Holzperlen als Nasen ankleben. Mit schwarzer Lackfarbe Augen, mit roter Lackfarbe einen Mund aufmalen. Wenn die Augen getrocknet sind, weiße Lichtpunkte auftupfen. Mit rotem Buntstift Bäckchen malen.
Kleine Reste Schaffell oder Watte als Haarbüschel auf die Stirn kleben.

Bastelanleitung: Spielfeld

Grünen Tonkarton auf 50 x 40 cm zuschneiden.
Einen Pilzhut zweimal auf rotes, einen Stiel zweimal auf weißes Tonpapier zeichnen und ausschneiden. Weiße Punkte auf den Hut kleben.
Aus hellgrünem Tonpapier viele Kreise und einige Kleeblätter ausschneiden.
Alle Teile auf dem Spielplan anordnen und aufkleben.

SPIELE ZUM BE-GREIFEN VON ZAHLEN

Zeig die Zahl
Ein Kind sitzt vorgebeugt auf dem Stuhl. Ein anderes steht hinter ihm, klopft ihm mit der flachen Hand fünfmal auf den Rücken und zählt dabei unhörbar mit. Dann muß das Kind auf dem Stuhl die Zahl nennen und mit seinen Fingern zeigen, wie oft geklopft wurde.
Danach werden die Rollen getauscht.
Bei drei oder mehr Spielern kann einer der „Zuschauer" dem Kind, das klopfen soll, auch eine Zahl ins Ohr flüstern.

Wieviel Schritte
Die Spieler stehen vor einer Wand oder hinter einer Linie. Ein Kind steht ihnen gegenüber, zehn Schritte entfernt.
Der erste Spieler fragt: „Wieviel Schritte darf ich reisen?"
„Du darfst drei Schritte reisen!" antwortet das Kind gegenüber.
„Große oder kleine Schritte?" fragt wiederum der erste Spieler.
„Drei große Schritte", lautet die Antwort.
„Vor oder zurück?"
„Vor!"
Erst jetzt darf der Spieler die angegebenen Schritte gehen. Hat er jedoch eine Frage vergessen, muß er auf dem Platz stehenbleiben.
Dann stellt der zweite Spieler seine Fragen.
Wer zuerst bei dem Kind gegenüber ankommt, darf in der nächsten Spielrunde dessen Rolle übernehmen.
Bei diesem Spiel wird von dem Kind, das bestimmt, auch „soziale Gerechtigkeit" gefordert, denn es kann ja entscheiden, wie weit die anderen reisen dürfen. Mehr als fünf Schritte darf allerdings keiner machen.

Stumm gezählt
Bei diesem Spiel darf nicht gesprochen werden!
Die Spieler sitzen um einen Tisch. Ein Erwachsener oder ein Kind klopft mehrmals mit der Hand auf den Tisch oder klatscht in die Hände. Die anderen müssen in Gedanken mitzählen und schnell die Anzahl durch Hochstrecken der Finger anzeigen. Wer zuerst die richtige Zahl zeigt, ist in der nächsten Runde der Klopfer oder Klatscher.
Und wer spricht, scheidet aus.

Vorwärts oder rückwärts
Ein Kind wählt ein anderes aus, nennt ihm eine Zahl zwischen zwei und neun und fügt entweder „vorwärts" oder „rückwärts" hinzu.
Zum Beispiel: „Fünf rückwärts!"
Das zweite Kind beginnt nun zu zählen: „Fünf, vier, drei, zwei, eins."
Hat es seine Aufgabe richtig gelöst, nennt es dem nächsten Spieler eine Zahl. Hat es nicht richtig gezählt, nennt das erste Kind ihm oder einem anderen Spieler eine neue Zahl.

Eine Zahlengeschichte
Ein Erwachsener oder ein älteres Schulkind erzählt eine Geschichte; darin sollen möglichst oft Zahlen von eins bis zehn erwähnt werden. Immer wenn eine Zahl genannt wird, müssen die Zuhörer die entsprechende Anzahl Finger hochstrecken. Wer es vergißt oder sich verzählt, gibt ein Pfand ab.
Nach der Geschichte kann ein Zahlenpfandspiel folgen:
„Tupp, tupp, tupp – was soll der tun, dem dieses Pfand gehört?"
„Fünfmal in die Höhe springen!" Oder: „Viermal die Treppen rauf- und runterlaufen!"

Zahlen würfeln
Die Spieler sitzen im Kreis. Jedes Kind erhält eine Schale mit etwa dreißig Rosinen oder Nüssen. Mit einem Zahlenwürfel wird reihum gewürfelt. Das Kind, das gewürfelt hat, legt die entsprechende Menge Rosinen oder Nüsse in die Mitte und läßt sie liegen, bis alle einmal gewürfelt haben.
Nach jeder Runde wird verglichen: Wer die höchste Punktezahl gewürfelt hat, darf sich die Rosinen oder Nüsse aus der

Mitte nehmen – und vernaschen! Selbstverständlich kann er seinen Gewinn auch unter den Kindern verteilen! Noch schwerer wird das Spiel, wenn mit zwei Zahlenwürfeln gewürfelt wird. Dann muß jedes Kind seine Punkte zusammenzählen …

Knopfspiel
Jedes Kind erhält einen Teller mit dreißig Knöpfen, Bohnen, Kieselsteinchen oder ähnlichem, außerdem noch drei Bierdeckel oder kleine Pappteller.
Ein älteres Schulkind oder ein Erwachsener nennt dem ersten Kind drei Zahlen zwischen eins und zehn: „Zwei – sechs – acht." Diese Zahlen stehen auch auf kleinen Pappkarten, die verdeckt in der richtigen Reihenfolge vor das Kind gelegt werden.
Ohne die Zahlen nochmals zu hören, soll das Kind entsprechend viele Knöpfe in der genannten Reihenfolge auf seine drei Bierdeckel legen: auf den ersten zwei Bohnen, auf den zweiten sechs und auf den dritten acht.
Jetzt dreht das Kind die Zahlenkärtchen um und kann selbst kontrollieren, ob es die richtige Anzahl von Bohnen abgelegt hat.
Je öfter dieses Spiel gespielt wird, desto sicherer werden die Kinder …

Plätzetausch
Auf dem Tisch stehen fünf Teller in einer Reihe. Auf jedem Teller liegt ein Gegenstand (Wäscheklammer, Farbstift, Radiergummi, Anspitzer, Nuß …)
Das Kind, das an der Reihe ist, erklärt: „Auf dem ersten Teller liegt der Anspitzer, auf dem zweiten Teller liegt die Nuß, auf dem dritten Teller …"
Nun verläßt das Kind das Zimmer oder schließt die Augen, und ein anderer Spieler vertauscht die Plätze zweier Gegenstände.
Jetzt soll das Kind erkennen, welcher Gegenstand welchen Platz erhalten hat: „Der Anspitzer liegt auf dem dritten Teller, die Wäscheklammer auf dem ersten."

Die Schwierigkeit läßt sich steigern, indem nicht zwei, sondern drei oder vier Dinge ihren Teller wechseln. Beim Spiel mit einer Gruppe können auch die Kinder selbst ihre Plätze tauschen. „Daniel sitzt auf dem ersten Platz, Michael auf dem zweiten, Lisa …"

Mengen ertasten
In einem Körbchen liegen acht Kastanien, Eicheln oder Nüsse bereit. Ein Kind hält die Augen geschlossen, während ein anderes Kastanien auf ein Tablett legt. Ohne die Augen zu öffnen, soll das Kind mit den geschlossenen Augen ertasten, wie viele Kastanien auf dem Tablett sind. Jedes Kind hat drei Versuche. Anschließend werden die Rollen gewechselt.

Zwillinge, Drillinge und mehr
Hier besteht die Aufgabe darin, im Kinderzimmer oder in der Küche Gegenstände zu suchen, die zweimal oder dreimal oder gar viermal vorhanden sind: Vier Elektroplatten auf dem Herd, drei Stühle am Tisch, vier Holzlöffel in der Schublade, sechs Kuchengabeln …

Die verbotene Zahl
Alle zählen laut von eins bis zehn. Zu jeder genannten Zahl klatschen die Kinder entsprechend oft in die Hände, strecken die Arme in die Höhe oder gehen in die Hocke. Sind sich die Kinder in der Zahlenreihe sicher, kann das eigentliche Spiel beginnen. Die Spieler verabreden, daß eine Zahl, zum Beispiel fünf, die verbotene Zahl in der Zahlenreihe ist. Nun wird wieder gezählt und geklatscht, aber nicht bei fünf. Wer die Zahl dennoch laut nennt oder klatscht, scheidet aus oder gibt ein Pfand ab.
Genauso kann vereinbart werden, daß nur bei der verbotenen Zahl geklatscht wird.
Je nach Alter der Kinder kann bei diesem Spiel sowohl vorwärts als auch anschließend rückwärts gezählt werden. Das Spiel wird schwerer, wenn zwei Zahlen als verboten gelten.

Im Vogelnest

Ein Spielvers

10 kleine Vögel sitzen im Nest.
1 springt heraus,
9 sind der Rest.

9 kleine Vögel sitzen im Nest.
1 lernt schon fliegen,
8 sind der Rest.

8 kleine Vögel sitzen im Nest.
1 hüpft zur Mutter,
7 sind der Rest.

7 kleine Vögel sitzen im Nest.
1 sucht nach Würmern,
6 sind der Rest.

6 kleine Vögel sitzen im Nest.
1 geht jetzt baden,
5 sind der Rest.

5 kleine Vögel sitzen im Nest.
1 springt rauf auf den Ast,
4 sind der Rest.

4 kleine Vögel sitzen im Nest.
1 geht spazieren,
3 sind der Rest.

3 kleine Vögel sitzen im Nest.
1 läuft am Boden schon,
2 sind der Rest.

2 kleine Vögel sitzen im Nest.
1 versteckt sich ganz geschwind,
1 ist der Rest.

1 kleines Vöglein sitzt allein im Nest.
Es fliegt jetzt hin zu dir –
und leer ist das Nest.

BASTELMATERIAL
Wellpappe in verschiedenen Farben;
Tonpapier in Gelb und Weiß;
Transparentpapier in verschiedenen Farben;
schwarzer Filzstift;
Klebstoff;
Schere oder Cutter

VORLAGEN
Seite 79:
Vögel 9a–9c

Kennt Ihr Kind schon die Zahlenreihe von eins bis zehn, dann macht ihm dieser Spielvers bestimmt besonderen Spaß. Aber aufgepaßt: hier geht die Zahlenreihe rückwärts!
• Das Gedicht eignet sich gut als Fingerspiel: Zuerst zeigt das Kind alle seine Finger. Dann klappt es sie nacheinander nach unten. Mit einem braunen Tuch, das um beide Hände geschlungen wird, so daß nur noch die Finger herausschauen, läßt sich ein Nest andeuten.
• Auch mit selbstgebastelten Papiervögeln kann der Text spielerisch umgesetzt werden: Zunächst sitzen alle Vögel im Nest. Das Kind nimmt bei jeder neuen Strophe einen Vogel heraus, setzt ihn in eine Hand und schlägt mit der anderen Hand von unten dagegen, bis das Vögelchen wegfliegt!

Bastelanleitung

Den Vogelkörper auf bunte Wellpappe, Füße auf gelbe Wellpappe, Schnabel zweimal auf gelbes und die Augen zweimal auf weißes Tonpapier zeichnen und ausschneiden.
In die Augen jeweils mit schwarzem Filzstift einen Punkt malen. Augen und Schnabel beidseitig aufkleben.
Ein 9 x 11 cm großes Stück Transparentpapier wie eine Ziehharmonika falten. Einen etwa 2 cm langen Schlitz in den Bauch des Vogels schneiden, und die Flügel durchstecken.
Die Füße oben einschneiden und unter den Vogelkörper stecken.

Bald beginnt die Schule

Dieses Kapitel bringt praktische Hinweise zu einem Schnuppertag in der Schule, Wissenswertes über die Schultüte, Tips für einen sicheren Schulweg, Anregungen rund um den ersten Schultag und den Schulanfang, dazu Spiele, Bastelideen, Geschichten und Reime für Ihr Kind.

SCHNUPPERTAG

● Nicht selten fühlen Kinder ein Unbehagen, wenn sie an den ersten Schultag und die Schule denken. Helfen Sie Ihrem Kind: Besuchen Sie noch vor den Sommerferien mit ihm und anderen Schulanfängern die Schule – einfach so zum Kennenlernen. Vielleicht organisiert auch der Kindergarten einen Besuch. Wenden Sie sich mit dem Wunsch an die Kindergarten- oder Schulleitung, an den Kooperationslehrer oder den Elternbeirat des Kindergartens.

● Für künftige Schulanfänger ist es besonders angenehm, wenn der erste Besuch in der Schule außerhalb der Schulzeit liegt. So haben sie die Möglichkeit, erst einmal das Gelände und das Gebäude ohne Schulkinder kennenzulernen. Die Kinder besichtigen die verschiedenen Klassenräume, das Lehrerzimmer, das Sekretariat, die Toiletten für Schüler und Lehrer, die Turn- und Pausenhalle, den Schulhof ... Wenn Ihnen das Schulgebäude fremd ist, ist ein Schnuppertag auch für Sie vorteilhaft. So manchen „Schulbericht" Ihres Kindes können Sie später besser verstehen, wenn Sie die Umgebung kennen.

- Bei einem zweiten Besuch würde dann eine Schulstunde im Mittelpunkt stehen. Diesmal wären keine Eltern dabei. Die Erzieherin oder der Erzieher begleitet die künftigen Schulanfänger. Sinnvoll wäre es, wenn die Schulstunde von der künftigen Lehrerin oder dem künftigen Lehrer gestaltet wird.

BENNIS SCHNUPPERTAG

Eine Geschichte

Daniel ist schon acht Jahre alt und besucht die zweite Klasse. Sein Bruder Benni ist gerade erst sechs geworden.
„Ich will auch in die Schule!" sagt Benni jeden Morgen, wenn Daniel das Haus verläßt. Doch Benni muß in den Kindergarten. Am Nachmittag bleibt er zu Hause, hilft der Mutter im Garten oder in der Küche, spielt oder bastelt. Am liebsten aber sitzt er in der Nähe seines Bruders und tut so, als würde er wie dieser Schularbeiten machen.
„Wenn ich ein großes Heft und einen Füller hätte, könnte ich viel besser arbeiten", meint Benni.
Doch Daniel lacht nur, beachtet ihn nicht weiter und murmelt vor sich hin: „Dummer Kerl!"
Eines Mittags kommt Benni ganz aufgeregt vom Kindergarten nach Hause. „Ich geh' in die Schule! Ich geh' in die Schule!" ruft er und hüpft vor Freude. „Frau Klein hat es uns heute gesagt. Alle großen Kinder sind eingeladen!
„Dummer Kerl! Du bist doch noch zu klein. Dich nehmen sie sicher nicht mit!" sagt Daniel.
Aber Benni gibt der Mutter einen Brief. Darin steht genau, wann der Schulbesuch stattfindet.
Und ein paar Tage später ist es auch schon soweit. Frau Klein und einige Kinder aus Bennis Gruppe stehen vor der großen Schule. Die Kinder sind vor Aufregung ganz still. Auch aus dem Schulgebäude ist nichts zu hören. Plötzlich erschrecken alle. Ein Gong ertönt, und bald darauf hört man laute Stimmen und Geschrei.
„Die Schulkinder haben große Pause. Da gehen sie auf den Schulhof, um ihr Pausenbrot zu essen und zu spielen", erklärt Frau Klein.

Benni fällt auf, daß im Kindergarten nie ein Gong ertönt und daß sie essen und spielen können, wann sie wollen. Auf dem Pausenhof sind keine Spielgeräte und kein Sandkasten. Hier fühlt sich Benni gar nicht mehr groß: So viele Kinder laufen herum, die größer sind.
„Herzlich willkommen in der Schule!" Herr Baum steht auf einmal bei ihnen.
Benni kennt ihn. Er ist Daniels Lehrer und war schon einige Male im Kindergarten. Herr Baum und Frau Klein unterhalten sich, während die Kindergartenkinder beobachten, was auf dem Schulhof vor sich geht.
Dann ertönt wieder der Gong. Herr Baum führt die Besucher zu einem Klassenzimmer. Hier sitzen einige der Schüler, die Benni auf dem Schulhof gesehen hat, still auf ihren Stühlen. Mit einem Grinsen betrachten sie die Kindergartenkinder. Benni entdeckt auch seinen Bruder. Jedes Kindergartenkind sucht sich einen Platz neben einem Schulkind. Zuerst rechnen die Schüler. Benni staunt, daß manche sogar umhergehen. „Eckenrechnen" nennen sie es, und es macht ihnen Freude.
Dann hängt Herr Baum eine große Karte an die Tafel. Viele Vögel sind darauf. Herr Baum zeigt mit einem Stock auf einige, und die Kinder sagen, wie diese Vögel heißen. Nur bei einem kennt niemand den Namen.
Da hebt Benni mutig die Hand: „Das ist ein Buchfink. Im Winter war oft einer am Futterhaus im Kindergarten."
Alle Kinder schauen zu Benni, und Herr Baum bemerkt: „Ein kluger Junge bist du!"
Später singt die Klasse ein Lied. Auch die Kindergartenkinder singen mit, denn sie kennen es genau: „Alle Vögel sind schon da, alle Vögel, alle." Jetzt fühlen sich die Kindergartenkinder schon fast wie richtige Schulkinder! Als Benni an diesem Tag nach Hause kommt, hat er viel zu erzählen. Auch Daniel ist da und hört zu.
„In der Schule ist es schön, Mama", berichtet Benni. „Ich freu' mich schon richtig drauf! Und der Lehrer hat gesagt, ich bin ein kluger Junge!" Dabei schaut Benni stolz seinen älteren Bruder an.

KASPERS 1. SCHULTAG

Mit Hand- oder Fingerpuppen läßt sich zu Hause auch gut darstellen, wie sich Ihr Kind den Schulanfang denkt. Wie wär's mit einem kleinen Kasperspiel, das lautet „Kaspers erster Schultag"? Sicher haben Sie und Ihr Kind viele Ideen dazu. Probieren Sie's einmal!

Schule spielen

Bastelmaterial

Ranzen:
Pappschachtel (z.B. Sektkarton 27 x 18 x 31 cm);
Wellpappe in Orange und Grün (große Bögen), Rest in Gelb;
Gurt (3 cm breit, 120 cm lang);
Klettband;
Klebstoff (gut: Heißkleber);
Lineal;
Schere

Heft:
Schreibpapier;
Heftgerät;
Cutter

Welches Kind liebt es nicht, wenn Mutter oder Vater ihm ein Stündchen Zeit schenkt, um gemeinsam mit ihm zu spielen! Vor Schulbeginn bietet es sich geradezu an, mit verteilten Rollen Schule zu spielen.

- Das Rollenspiel gibt Ihnen auch Gelegenheit zu beobachten, wie Ihr Kind mit Farbstiften, Radiergummi, Anspitzer, einem Buch und anderen Utensilien umgeht.
- Sie erfahren, wie Ihr Kind sich seinen Schulalltag vorstellt. Belassen Sie es bei seinen Vorstellungen, solange es Sie nicht um Ihre Meinung dazu bittet.
Wie der Schulalltag wirklich wird, muß Ihr Kind später selbst erfahren.
- Sicher kommen Sie über dieses Spiel mit Ihrem Kind auch ins Gespräch über die Schule.

<u>Auszählverse</u>
1 – 2 – 3
wiggel-waggel-wei,
wiggel-waggel-einerlei,
du sollst jetzt das Schulkind sein.
4 – 5 – 6
klix-klax-klex,
pix-pax-pu,
der Lehrer bist heut' du!
A – E – I – O – U
das Schulkind bist jetzt du!

Mit Schulsachen

Mit ein paar „Requisiten" wird das Rollenspiel für das Kind leichter und spannender: zum Beispiel mit einem Ranzen aus einem Karton, einem Schreibheft, mit Stiften, einem Spitzer und einem Radiergummi. Ranzen und Heft können Eltern schnell selbst machen.

Bastelanleitung: Schulranzen

Von einer Pappschachtel (Hochformat) einen langen Deckelteil stehenlassen, die anderen drei Deckelteile wegschneiden. Den Karton an der Vorder- und an beiden Schmalseiten mit orangefarbener Wellpappe bekleben (Rillen senkrecht).
Für Rückwand und Deckel einen Streifen grüne Wellpappe zuschneiden. Dabei auf querlaufende Rillen achten! Den Streifen an der Rückwand und dem verbleibenden Deckel ankleben.
Zwei orangefarbene Streifen Wellpappe (4 cm breit) mit querlaufenden Rillen zuschneiden und als Riemen auf den Deckel kleben. Aus gelber Wellpappe zwei „Verschlüsse" ausschneiden und unterhalb der Riemen fixieren.
Der Deckel wird mit zwei kleinen Stücken Klettband, die an der Ranzenvorderseite und den Verschlüssen befestigt werden (Heißkleber), zugehalten.
Für den Schultergurt in die Rückwand unten zwei waagrechte Schlitze in der Breite des Gurtbandes einschneiden. Oben zwei schräg verlaufende Schlitze anbringen. Das Gurtband so von innen nach außen durch die zwei oberen Schlitze ziehen, daß zwei gleich lange Gurtstücke nach außen führen. Diese dann von außen nach innen in die unteren Schlitze schieben, die Länge einstellen, und das Band von innen an den unteren Schlitzen durch Knoten sichern.

Bastelanleitung: Schreibheft

Einige Blätter preiswertes Schreibpapier an der Längsseite zu einem Heft zusammenklammern.
Ohne Linien läßt sich ganz großzügig darin kritzeln und malen.
Vielleicht möchte ihr Kind ja auch in großen Druckbuchstaben seinen Namen auf das Heft schreiben.

Tip: Ebenso kann ein Buch entstehen. Dazu aus Katalogen und Prospekten Bilder ausschneiden und später Seite für Seite zu einer kleinen Geschichte in ein selbstgemachtes Heft kleben.

1, 2, 3, 4, 5, 6, 7,
wo ist nur mein Heft geblieben?
Kann schon bunte Bilder malen,
Bögen zeichnen und auch Zahlen.
Auch würd' ich so gerne schreiben,
doch ich kann's nicht, lass' es bleiben,
bis ich in die Schule komm'
wie meine Freunde Timm und Tom.

1, 2, 3, 4, 5, 6, 7,
wo ist bloß mein Buch geblieben?
Würd' so gerne darin lesen,
von der Hexe mit dem Besen
und noch andre schöne Sachen,
mal zum Weinen, mal zum Lachen.
Doch jetzt geht's noch nicht allein,
zuerst muß ich ein Schulkind sein.

Aufstehen & zu Bett gehen

Die genannten Fähigkeiten, die ein Kind für den Schulbesuch entwickelt haben soll oder entwickeln wird, reichen allein nicht aus für einen erfolgreichen Schulalltag. Auch regelmäßiger und ausreichender Schlaf ist notwendig.

Ausreichend Schlaf

- Fällt es Ihrem Kind manchmal schwer, morgens richtig wach zu werden?
- Bummelt es beim Anziehen herum und vergißt dabei die Zeit?
- Ist es unkonzentriert und zeigt wenig Ausdauer?

Dafür können zu kurze Nächte die Ursache sein.
Die Arbeit in der Schule fordert vom Kind volle Aufmerksamkeit und Konzentration.
Ein ausgeruhtes, ausgeschlafenes Kind kann sich besser konzentrieren und bringt dem Neuen mehr Aufmerksamkeit entgegen!
Hier das richtige Maß zu nennen ist schwer. Genau wie bei uns Erwachsenen ist bei Kindern das Schlafbedürfnis unterschiedlich. In der Regel liegt das Schlafbedürfnis der Sieben- bis Achtjährigen bei etwa elf Stunden.
Bedenken Sie auch, daß Ihrem Kind am Morgen noch genügend Zeit und Ruhe fürs Anziehen und Frühstücken bleiben sollen.

Beim Aufstehen

Vielen Kindern bereitet die Umstellung auf den neuen Tagesablauf insofern Schwierigkeiten, als sie am Morgen fester schlafen und dann müde oder lustlos erwachen, selbst wenn die Schlafzeit ausreichend war.
Wecken Sie Ihr Kind rechtzeitig, so daß genügend Zeit bleibt, mit Ruhe und ohne Hektik den Tag zu beginnen. Vielleicht möchte es noch ein wenig wach im Bett liegenbleiben und seinen Gedanken nachgehen oder im Schlafanzug auf dem Teppich liegen und ein Buch anschauen oder etwas spielen. Ja selbst am Frühstückstisch soll Zeit zum Herumbummeln bleiben – es genügt ja, daß wir Erwachsenen ständig die Uhr im Kopf haben.
Wenn auch das Frühstück eine gute Grundlage für den Tag schafft, so zwingen Sie ihr Kind nicht zum Essen, wenn es sich weigert! Viele Kinder trinken lieber ein Glas frischen Fruchtsaft und nehmen ein Pausenbrot mit (zum Brot eine Karotte, einen Apfel o.ä.).
Tägliche Kämpfe ums Aufstehen, Essen oder Anziehen schaden nur den Nerven und schaffen ein schlechtes Familienklima. Sicher ist auch Ihnen daran gelegen, daß Ihr Kind ausgeglichen und ohne Zorn in die Schule geht.
Das folgende kleine Bewegungsspiel hilft Ihnen und dem Kind, fröhlich und munter in den Tag einzusteigen.

Morgenmuffel-Muntermacher-Spielvers

Ein langer Weg geht hier entlang.
(Beide Arme gerade nach vorne ausstrecken.)

Darüber ein Steg, sooo breit – sieh an!
(Die Arme zu den Seiten hin ausbreiten.)

Darunter fließt ein stiller Bach.
(Mit den Händen den Boden berühren.)

Und hoch im Baum die Sonne lacht.
(Die Arme in die Höhe strecken.)

Sie glitzert hell im großen See.
(Die Arme gestreckt um sich herum führen.)

Jetzt bin ich wach – juchhe!
(Auf der Stelle fröhlich hüpfen.)

BEIM ZU-BETT-GEHEN

Einschlafzeit
- Finden Sie heraus, wieviel Schlaf Ihr Kind wirklich braucht. Hilfreich ist ein sogenanntes „Schlafprotokoll". Hier wird acht bis zehn Tage lang notiert, wann das Kind eingeschlafen und aufgewacht ist oder geweckt wurde.
- Beginnen Sie dann rechtzeitig, Ihr Kind zu Bett zu bringen, damit Sie selbst nicht unter Zeitdruck geraten. Das Kind fühlt solch einen Druck und wird unruhig.

Rituale
- Vereinbaren Sie gemeinsam mit Ihrem Kind ein „Zu-Bett-geh-Ritual".
Hier ein Beispiel: Wenn Ihr Kind bettfertig ist, setzen Sie sich zu ihm in einen großen Sessel, ans Bett oder an einen anderen Platz, der immer der gleiche sein soll. Lesen Sie ihm eine Geschichte vor, und plaudern Sie noch ein wenig über Tagesereignisse oder Sonstiges. Nach dem Gutenachtkuß kann dann die Einschlafphase beginnen.
- Das Ritual sollte jeden Abend weitgehend gleich ablaufen. Also zum Beispiel erstens eine Geschichte, zweitens Plaudern, drittens Gutenachtkuß. Oder immer zuerst ein Lied, dann Plaudern, dann ein Kuscheltier in den Arm des Kindes legen. Gute Nacht!
- Legen Sie vor Beginn des Rituals die Anzahl der Geschichten oder Lieder gemeinsam fest und halten sie als Eltern die Regeln ein. Lassen sie sich nicht täglich durch Betteln und Jammern der Kinder erweichen. Das mag anfangs vielleicht schwer sein, aber Ihre Standfestigkeit wird Erfolg haben und dem Kind Sicherheit geben.
- Halten Sie das Ritual auch dann ein, wenn einmal Besuch da ist. Damit zeigen Sie Ihrem Kind, daß es Ihnen viel wert ist.
- Das Ritual sollte möglichst eine halbe Stunde nicht überschreiten. In dieser Zeit widmen Sie sich ganz Ihrem Kind. Überlassen Sie das „Geschichtenerzählen" nicht dem Fernseher oder Kassettenrecorder.
- Die Monotonie des Rituals ist für die Kinder nicht langweilig, sondern vermittelt Sicherheit und Vertrautheit, was einen ruhigen Schlaf fördert.
- Das Ritual schafft einen entspannten Übergang vom Tag zur Nacht und erleichtert dem Kind die Trennung von Ihnen.

Schlafhilfen
- Ein Kuscheltier oder die Lieblingspuppe können kleine Schlafhilfen sein. (Mein Sohn sagte einmal beim Einschlafen: „Mein Struppi ist für mich so wie du und Papa zusammen!" Nahm sein Kuscheltier fest in den Arm und drehte sich zufrieden zum Schlafen um.)
- Auch ein kleines Nachtlicht oder ein Dimmer in der Steckdose vermittelt dem Kind Sicherheit und Ruhe.
- Eine ähnliche Wirkung hat es, wenn die Tür einen Spalt geöffnet bleibt und das Kind noch etwas hören kann. Solche Schlafhilfen verwöhnen das Kind nicht, sondern wirken beruhigend und erleichtern ihm das Zubettgehen und Einschlafen.

DER SCHULWEG

MONJA GEHT IHREN WEG

Eine Geschichte

Die Osterferien sind vorüber, und der Kindergarten hat wieder begonnen. Obwohl die Sonne schon hell vom Himmel lacht, liegt Monja immer noch in ihrem Bett und schläft.
„Beim letzten Zeitzeichen war es genau acht Uhr", sagt der Radiosprecher.
„Zeit zum Aufstehen", sagt die Mutter und macht die Tür zu Monjas Zimmer weit auf. Sie geht zum Fenster, schiebt den bunten Vorhang beiseite und ruft fröhlich: „Guten Morgen! Aufstehen! Frau Sonne läßt schön grüßen!"
Monja dreht sich in ihrem Bett auf die andere Seite, zieht sich das Kissen über den Kopf und rührt sich nicht mehr. Doch ihre Mutter gibt nicht nach, nimmt das Kissen von Monjas Kopf und streichelt ihr zart die Wange, bis sie die Augen öffnet.
„Du wirst schon im Kindergarten erwartet. Komm, steh auf, damit wir frühstücken und zum Kindergarten gehen können."
Das Aufstehen fällt Monja schwer. In den Osterferien hat sie abends noch immer gespielt und am nächsten Morgen dann lange ausgeschlafen.
„Damit ist jetzt Schluß", hat Mutter gestern gesagt, und Monja mußte früher ins Bett als zuvor. „Du mußt dich langsam an das zeitige Aufstehen gewöhnen; als Schulkind willst du doch nicht zu spät in die Klasse kommen – oder?"
Etwas verschlafen sitzt Monja am Frühstückstisch. Sie hat heute morgen keinen Appetit und trinkt nur eine Tasse Milch. Später, im Kindergarten, wird sie ihr Brot und den Apfel essen. Mutter hat schon alles für sie bereitgelegt.
Als die beiden fertig angezogen an der Haustüre stehen, kommt Monja ein Gedanke: „Du, Mama, darf ich heute mal alleine in den Kindergarten gehen? Ich kenne doch den Weg ganz gut. Und über die eine Straße komme ich auch schon allein. Bitte, Mama!"
Mutter überlegt kurz. „Einverstanden, du wirst es schon gut machen. Schließlich kommst du ja bald in die Schule, und immer werde ich dich da nicht begleiten können."
Monja marschiert los. Das kleine Körbchen mit dem Butterbrot und dem Apfel hält sie fest in der Hand. Sie dreht sich nicht einmal mehr um. Fröhlich geht sie ihren Weg. Nein, sie geht nicht, sie hüpft vor Freude. Sie hüpft und springt so sehr, daß ihr der Apfel aus dem Korb herausfällt. Und schon kullert er auf die Straße.
„Halt!" ruft da plötzlich eine Stimme.
Monja ist ganz erschrocken. Frau Klug, ihre Nachbarin, steht vor ihr.
„Wolltest wohl schnell deinen Apfel wiederholen. Aber schau, da kommt ein Radfahrer. – So, jetzt ist die Straße frei, und hier im Rinnstein liegt ja auch der kleine Ausreißer!"
Monja bückt sich und legt den Apfel in ihr Körbchen.
„Wie rot der Apfel ist, sicher schämt er sich, weil er so übermütig gesprungen und dabei auf die Straße gerollt ist", sagt Frau Klug und lächelt Monja freundlich an.
„Nur gut, daß ich stehengeblieben bin und nicht so übermütig war wie der kleine Apfel", denkt Monja erleichtert. „Jetzt los in den Kindergarten. Aber nicht zu übermütig sein und ruhig im Körbchen liegenbleiben!" sagt Monja zu ihrem Apfel und geht weiter. Diesmal hüpft und springt sie nicht.
Fröhlich und stolz erreicht Monja den Kindergarten. Sie setzt sich zu ihrer Freundin an den Eßtisch, nimmt

---

INFORMATIONEN

Die Polizei, Automobilclubs und die Deutsche Verkehrswacht bieten immer wieder Informationsabende an oder geben für Eltern und Kinder wertvolle Broschüren heraus. Nutzen Sie diese Informationsquellen!

den immer noch roten Apfel aus dem Korb, schaut ihn prüfend an und sagt: „Ich hab' dich trotzdem zum Fressen gern." Dann beißt sie herzhaft hinein. Noch während sie den Apfel ißt, klingelt im Kindergarten das Telefon. Es ist Monjas Mutter. Sie freut sich, daß Monja gut angekommen ist, und stolz ist sie auch. Wird Monja ihr wohl erzählen, wie übermütig der Apfel auf dem Weg zum Kindergarten war?

DER SICHERE WEG

Gewiß wissen Sie schon, welche Schule Ihr Kind besuchen wird, und kennen den Weg. Helfen Sie Ihrem Kind, daß es wohlbehalten zur Schule und wieder nach Hause kommt:
- Gehen Sie bereits vor dem ersten Schultag mit Ihrem Kind den Weg.
- Erklären Sie ihm, warum Sie gerade diesen Weg und keinen anderen gewählt haben, denn der kürzeste Weg ist nicht immer der sicherste!
- Sprechen Sie auch über Gefahren auf dem Schulweg: Kreuzungen oder Straßeneinmündungen, große Bäume oder parkende Autos …
- Mit der Zeit entwickelt Ihr Kind auf dem neuen Weg Selbstsicherheit. Irgendwann ist dann der Zeitpunkt gekommen, an dem Ihr Kind Sie zu seiner Schule führt. Dabei bleibt es Ihnen überlassen, ob Sie neben Ihrem Kind oder einige Schritte hinter ihm gehen und sich führen lassen.
- Beobachten Sie Ihr Kind auf seinem Weg. Im Blickfeld des Kindes sind viele Dinge interessant, die Sie vielleicht noch nicht einmal bemerkt haben.
- Loben Sie Ihr Kind für sein richtiges Verhalten.
- Achten Sie bei Ihrem Kind auf helle Kleidung, damit es von allen Verkehrsteilnehmern schnell gesehen wird. Eine helle Mütze oder Kappe ist schon sehr wirkungsvoll.

VORBILD SEIN

Denken Sie immer daran: Sie sind das beste Vorbild für Ihr Kind.
- Überqueren Sie nie eine Straße, ohne dem Kind zu zeigen, daß Sie sich nach dem Verkehr umgeschaut haben. Dies können Sie deutlich machen, indem Sie auch tatsächlich beim Schauen den Kopf bewegen.
- Achten Sie darauf, daß Sie eine Straße immer einige Schritte von einer Kreuzung oder Einmündung entfernt überqueren.
- Der Zebrastreifen ist kein Freibrief: Überqueren Sie die Straße auch hier nicht, ohne den Verkehr zu beachten.
- Machen Sie Ihr Kind darauf aufmerksam, daß nicht das Auto den Fußgänger bemerkt, sondern der Autofahrer. Sagen Sie Ihrem Kind, daß es stets den Autofahrer ansehen muß, bevor es vor einem Auto die Straße überquert – auch am Zebrastreifen. Nur bei Blickkontakt kann es sicher sein, daß es auch wirklich gesehen wird.

DER SICHERSTE WEG

Erkunden Sie gemeinsam mit Ihrem Kind den Schulweg. Entscheiden Sie sich nicht für den kürzesten, sondern für den sichersten Weg!

BASTELMATERIAL

Holographie-Folie, selbstklebend;
Tonkarton in verschiedenen Farben;
Aufhängefaden;
schwarzer Folienstift;
Schere;
Lochzange

VORLAGEN

Seite 79:
Reflektorfiguren 10a–10e

REFLEKTORFIGUREN

Reflektoren am Schulranzen oder an der Kleidung schützen Ihr Kind besonders in der trüben Herbst- und dunklen Winterzeit.

Bastelanleitung

Figuren auf farblich passenden Tonkarton zeichnen und großzügig ausschneiden.
Holographie-Folie in passender Größe auf die Rückseite des Tonkartons kleben. Das Motiv entlang den Konturen genau ausschneiden.
Mit schwarzem Folienstift eventuell ein Gesicht aufmalen.
Mit einer Lochzange ein Loch für den Aufhängefaden stanzen.

Tip: Reflektorfiguren können auch als Aufkleber für Regenkleidung, Gummistiefel oder Schulranzen verwendet werden. Dann Tonkarton nur als Schablone benutzen. Die Holographie-Folie entsprechend zuschneiden und auf den gewünschten Gegenstand kleben.

Mein Schulweg

Geh' ich morgens aus dem Haus,
treff' ich meine Freunde:
Tina, Ute, Nick und Klaus.
Oh, ist das 'ne Freude!

An der Kreuzung bleiben wir
stehen, geben acht!
Ich und auch die andern vier
wissen, wie man's macht.

Ich kenne die Ampel!

Auf der Straße ist viel Verkehr,
das Rüberkommen fällt mir schwer.
Wenn hier nicht die Ampel wär',
liefe alles kreuz und quer.

Ich kenne die Ampel, drücke den Knopf,
du weißt, ich bin ein schlauer Kopf.
Und zeigt sie dann ihr grünes Licht,
geh' ich hinüber, bummle nicht.

Doch gestern hab' ich was gesehn:
Es war bei Rot, ich blieb still stehn,
und hinter mir, da kam ein Mann,
ich sah ihm seine Eile an.

Er lief auf die Straße – was ist gescheh'n?
Vor uns blieb quietschend ein Auto stehn.
der Fahrer schimpfte! Er war ganz blaß.
Er schrie aus dem Fenster: „He, Mann, was soll das?!"

Ich rief ihm zu: „Bei Rot rennt der rüber!
Wie dumm nur von ihm. Da bin ich viel klüger!"
Ich kenne die Ampel: Bei Rot bleib' ich stehn.
Bei Grün bin ich sicher, da kann jeder gehn.

WARTEZEIT

BASTELMATERIAL

Tonpapier in
Schwarz und
verschiedenen
Farben;
Tonkarton in Rot;
Kreppapier in
verschiedenen
Farben;
Geschenkband;
Nylonfaden;
Bleistift;
weißer Buntstift;
Klebstoff;
Locher;
Schere

Die letzten Tage vor der Einschulung sind meist eine aufregende Zeit für unsere Kinder. Da ist es für manche recht hilfreich, wenn ihnen kleine Überraschungen das Warten verschönern.

Noch sieben Tage

Noch sieben Tage, dann ist's soweit,
du kannst es kaum erwarten,
dann gehst du nicht mehr wie klein Klaus
den Weg zum Kindergarten.

Nein, du, du nimmst den Schulweg dann,
und heut' ist mir schon klar,
dein allerschönster Kindertraum
wird endlich, endlich wahr!

Das Warten fällt dir langsam schwer,
auch ich merk' das genau
und sag' zu dir geheimnisvoll:
„Dort hinten, schau nur, schau!

Da hängen sieben kleine Tüten,
ich füllte was hinein,
sie sind für dich zum Schulanfang.
Was mag wohl drinnen sein?"

Und wenn die siebte offen ist,
dann endlich ist's soweit,
dein Kindertraum wird jetzt erfüllt,
und du hältst dich bereit.

Wir gehn den Schulweg gradewegs,
und stolz trägst du den Ranzen.
Du freust dich so, ich seh's dir an,
am liebsten würd'st du tanzen!

EIN WARTEKALENDER

Sicher werden auch Sie ein Federmäppchen für den Schulanfang kaufen. Verstecken Sie es zunächst noch vor Ihrem Kind. Mit den vielen bunten Kleinigkeiten, die Sie darin finden, können Sie einen „Wartekalender" füllen: Zum Beispiel einen Wartekalender aus kleinen Schultüten. Ein Radiergummi, ein neuer Bleistift, ein Anspitzer und andere Kleinigkeiten werden jeweils hübsch verpackt und mit einer Nummer versehen. Dabei reichen sieben bis zehn Teile völlig aus. Jeden Tag darf Ihr Kind dann die Teile in sein neues Mäppchen einsortieren. Am letzten Tag kann auch eine neue Dose für das Pausenbrot oder ein kleiner Zeichenblock im Kalender versteckt sein.

Bastelanleitung

Die Schultüten alle nach dem gleichen Prinzip arbeiten:
Tonpapier in unterschiedlich große Viertelkreise schneiden. Eine Kante mit Klebstoff bestreichen, und den Viertelkreis zur Spitztüte zusammenkleben. Einen Streifen Kreppapier in Falten legen und innen in die Öffnung kleben.
Kleine Schultafeln aus rotem Tonkarton, 3,5 x 4,5 cm, zurechtschneiden, die Ecken abrunden. Schwarzes Tonpapier in 2,5 x 3,5 cm große Rechtecke schneiden, Ecken abrunden und auf die roten Rechtecke kleben.
Mit weißem Buntstift Zahlen daraufschreiben.
Ein Loch in den Rand stanzen, einen Nylonfaden durchziehen und in einigem Abstand verknoten.
Die gefüllte Schultüte oben mit einem Geschenkband zusammenbinden. Dabei den Aufhängefaden der Schultafel mit einfassen.
Sollen die Schultüten aufgehängt werden, einen langen Aufhängefaden anbringen.

Die Schultüte

Was in die Tüte kommt

Füllen Sie anstatt Süßigkeiten feines Obst, besondere Nußmischungen, ein kleines Spielzeug, Farbstifte oder ein Buch in die Schultüte. Gewiß freut sich Ihr Kind auch über eine kleine Lupe, ein Kaleidoskop oder einen Magneten!

Zum ersten Schultag gehört heute ganz selbstverständlich auch die Schultüte, die von den Eltern für das Schulkind gefüllt wird. Sie hat im Gegensatz zu anderen Festtagsbräuchen noch eine junge Tradition.

Ein junger Brauch

Belegt ist der Brauch, den Schulanfängern spitze „Zuckertüten" zu schenken, zwar schon seit dem Ende des achtzehnten Jahrhunderts, aber es dauerte noch mehr als hundert Jahre, bis die Schultüte überall im Land bekannt war. Da die Schule in den Städten einen höheren Stellenwert hatte als in den Dörfern, setzte sich der Brauch, dem jungen Schulkind eine Spitztüte zu schenken, dort früher durch. Erlernbares Wissen war in den Städten hoch geschätzt. In den Dörfern, die weitestgehend von Bauern und kleinen Handwerkern besiedelt waren, sah man die Kinder lieber arbeiten: auf den Feldern und auf dem Hof oder auch als Hilfe in Mutters Küche, beim Hüten der Kleinkinder oder in Vaters Werkstatt. Schule war eher ein lästiges Muß. Daher erhielten die Kinder hier zum Schulanfang in der Regel einfach nur eine Brezel.

Vom Zuckerbaum zur Schultüte

Bereits im Mittelalter war es hier und da üblich, den Kindern einen Schulmeien aufzubauen. Das waren Zuckerbäume, an deren Querstangen Brezeln und bunte Bänder hingen. Die jungen Schulkinder mußten danach um die Wette klettern. Waren sie geschickt, holten sie sich mit der Süßigkeit Trost für das, was ihnen bevorstand; ein Band sollte Glück bringen. Aus diesem Zuckerbaum hat sich laut Überlieferung der Brauch der Schultüte entwickelt. Den Kindern erzählte man, daß im Keller der Schule ein Zuckertütenbaum wachse. Und daß der Lehrer für jeden braven Schulanfänger eine Zuckertüte pflücke. Mit solchen Versprechungen wollte man den Kindern den ersten Lebensabschnitt mit seinen „sauren Pflichten" versüßen.

Richtig populär wurde die Schultüte dann erst im zwanzigsten Jahrhundert. Zwar glaubt heute niemand mehr an den Zuckertütenbaum, dennoch ist die Zuckertüte im wesentlichen erhalten geblieben. Damit nicht allzuviel Süßes in die Schultüte paßt, haben Eltern früher oft die Spitze mit Holzwolle, Stroh oder Zeitungspapier ausgestopft. Nach dem ersten Schulbesuch warteten die Eltern oder Paten vor dem Schulhaus, um das Kind zu empfangen und ihm die Schultüte zu überreichen. Selbstverständlich war die Tüte noch fest verschlossen. Ein Foto dokumentierte das große Ereignis des ersten Schultages. Auf dem Nachhauseweg rätselte das Kind dann über den Inhalt der Tüte. Voller Spannung durfte es sie zu Hause endlich öffnen.

Löwenschultüte

Eine Löwenschultüte ist schnell und kinderleicht selbst zu machen. Das Basteln wird Ihrem Kind zu einem schönen Erfolgserlebnis verhelfen und die Freude auf den Schulanfang vergrößern.

Bastelanleitung

Auf orangefarbenen Tonkarton einen Viertelkreis mit 50 cm Radius zeichnen: Hierzu einen Bleistift an eine 55 cm lange Schnur binden, das Schnurende, 50 cm entfernt, in einer Ecke des Tonkartons festhalten, und mit dem Bleistift den Viertelkreis ziehen. Die Form ausschneiden, eine Kante mit Klebstoff einstreichen, und den Tonkarton zu einer Spitztüte kleben. Mit einer Hand innen und mit der anderen außen gegen die Klebefläche drücken, bis die Verbindung hält.

BASTELMATERIAL

Tonkarton in Orange, 50 x 70 cm; Tonpapier in Braun; Kreppapier in Orange und Türkis; Wattekugel, 6 cm ∅; Geschenkband; Plakafarben in Schwarz und Orange; schwarzer Filzstift; roter und weißer Buntstift; Klebstoff; Schere; Cutter

VORLAGEN

Seite 80/81: Löwe 11

Den Kopf auf orangefarbenen Tonkarton zeichnen und ausschneiden. Augen aus weißem und Ohrinnenteile aus braunem Tonpapier fertigen.
Für die Nase eine Wattekugel mit dem Cutter halbieren. Eine „Halbkugel" oben mit orangefarbener, unten mit schwarzer Farbe bemalen.
Die Ohrinnenteile aufkleben. Die Maulgegend mit weißem Buntstift aufhellen. Mit schwarzem Filzstift Mund, Bartstoppeln und Pupillen aufmalen, die getrocknete Nase und die Augen ankleben. Mit rotem Buntstift Bäckchen malen.
Dann rund um den Löwenkopf schmale orangefarbene Kreppapierstreifen ankleben.
Für den Tütenverschluß von einer noch ungeöffneten Rolle Kreppapier etwa 30 cm abschneiden, geöffnet und in Falten gelegt an den inneren Tütenrand kleben.
Den Löwenkopf vorne auf die Schultüte kleben. Wenn die Tüte gefüllt ist, das Kreppapier zusammenraffen und mit einem Geschenkband zusammenbinden.

KROKOSCHULTÜTE

Ein schönes Set: eine Krokodils-Schultüte und, dazu passend, ein Krokodils-Utensilo.
Ihr Kind wird sich über solche Geschenke zum Schulanfang sicher freuen.
Vielleicht hat es aber auch Lust, beim Basteln mitzumachen.

Bastelanleitung

Eine Spitztüte aus grünem Tonkarton anfertigen (siehe Löwenschultüte). Einen Krokodilskopf auf hellgrünen Tonkarton zeichnen und ausschneiden.
Augen aus weißem, Pupillen aus schwarzem, Bäckchen aus rotem, Bauch und Körperpunkte aus gelbem Tonpapier ausschneiden.
Alle Motivteile aufkleben. Mund und Nasenlöcher mit schwarzem Filzstift malen, und mit Deckweiß Lichtpunkte in die Pupillen tupfen.
Den Tütenverschluß wie bei der Löwenschultüte aus gelbem Kreppapier arbeiten. Den Kopf vorne auf die Schultüte kleben.
Ein 23 x 23 cm großes Stück rotes Kreppapier in der Mitte zusammenraffen und mit einem schmalen Streifen aus rotem Tonpapier zu einer Schleife zusammenkleben. Diese Schleife unterhalb des Kopfes fixieren.

Bastelmaterial

Tonkarton in Grün und Hellgrün;
Tonpapier in Gelb, Rot, Weiß, Schwarz;
Kreppapier in Gelb und Rot;
Geschenkband;
schwarzer Filzstift;
Deckweiß;
Pinsel;
Klebstoff;
Schere oder Cutter

Vorlagen

Seite 80/81:
Krokodil 12a–12c

SCHREIBTISCHTIERE

Ein Krokodil als Utensilo und allerhand „Buntstifttiere": lustig und praktisch. Und für eine schöne „Arbeitsstimmung" auf dem Schreibtisch sorgen sie auch.

Bastelanleitung: Utensilo-Krokodil

Zwei Röhren von Toilettenpapier mit jeweils 14 x 9,6 cm großer Wellpappe bekleben, dabei auf einen senkrechten Rillenverlauf achten!
Einen Krokodilskörper und einen Arm aus grünem Tonkarton ausschneiden. Aus gelbem Tonpapier einen Bauch und einige Kreise ausschneiden, aus rotem Tonpapier ein Bäckchen und aus weißem Tonpapier Augen. Alle Motivteile auf das Krokodil kleben. Mit schwarzem Filzstift Pupillen, Mund, Nasenlöcher und Pfoten aufmalen.
Den separaten Arm auf der Rückseite im oberen Bereich mit Klebstoff bestreichen und am Körper fixieren. Einen Buntstift von innen an die Pfote kleben.
Die beiden Papprollen seitlich zusammenkleben und während des Trocknens mit zwei Wäscheklammern fest zusammendrücken. Das Krokodil auf das Rollenpaar kleben.

Bastelanleitung: Buntstifttiere

Mit einer kleinen, spitzen Schere eine Öffnung in Größe eines Buntstifts in Wattekugeln einschneiden, und das Füllmaterial herausziehen.
Für den Bären eine kleine halbierte Wattekugel als Schnauze ankleben.
Zum Bemalen die Köpfe am besten auf Stäbe oder ältere Stifte stecken. Wenn die Farben getrocknet sind, Ohren, Schnabel, Rüssel und andere Details aus Filz ankleben.

BASTELMATERIAL

Utensilo-Krokodil:
Wellpappe in Orange;
Tonkarton in Grün;
Tonpapier in Gelb, Rot, Weiß;
2 Röhren von Toilettenpapier;
Buntstift;
schwarzer Filzstift;
2 Wäscheklammern;
Klebstoff;
Schere

Buntstiftfiguren:
Wattekugeln, 2,5–3 cm Ø;
1 kleine Wattekugel;
Filzreste in verschiedenen Farben;
Buntstifte;
wasserlösliche Lackfarben;
Pinsel;
Klebstoff;
spitze Schere

VORLAGEN

Seite 80:
Utensilo 13a–13b

DER ERSTE SCHULTAG

SCHULKLEIDUNG

Wie für den Kindergarten empfiehlt es sich auch für die Schule, daß die Kleidung kindgerecht, also praktisch und unempfindlich ist, in der dunklen Winterzeit außerdem verkehrsgerecht hell und auffällig.
Die Kleidung soll auch Ihrem Kind gefallen, und nicht zuletzt soll es darin das Gefühl haben, von seinen Klassenkameraden angenommen zu sein. Erfüllen Sie ihm am ersten Schultag den Wunsch nach seinem Lieblingspulli oder seiner Lieblingshose.

<u>Heute ist ein schöner Tag</u>

Heute ist ein schöner Tag,
den ich lang erwartet hab'.
Papa (Mama) hat sich frei genommen,
Ulla (Teddy) ist auch mitgekommen.
Schulanfang, ja, der ist heut,
hab' mich lang' darauf gefreut.

Heute ist ein schöner Tag,
den ich lang erwartet hab'.
Trag' den Ranzen, kunterbunt,
und verbreite stolz die Kund':
Schulanfang, ja, der ist heut,
hab' mich lang darauf gefreut.

Heute ist ein schöner Tag,
den ich lang erwartet hab'.
Halt' die Tüte fest im Arm,
glaub, mir ist ums Herz ganz warm.
Schulanfang, ja, der ist heut,
hab' mich lang darauf gefreut.

Heute ist ein schöner Tag,
den ich lang erwartet hab'.
Sagt ihr auch, ich sei noch klein,
ab heut werd' ich ein Schulkind sein.
Schulanfang, ja, der ist heut,
nun wissen's sicher alle Leut'!

Dieses Gedicht läßt sich auch auf die bekannte Melodie von „Alle Vögel sind schon da ..." singen.

HERZLICH WILLKOMMEN

Der erste Schultag ist für das Kind und auch für die Eltern ein besonderer Tag, der gewiß mit ein wenig Aufregung verbunden ist.
Vielleicht hat Ihnen die Schule ja bereits vor den Sommerferien – eventuell über den Kindergarten – einen Informationsbrief zukommen lassen. Er enthielt wahrscheinlich:
- eine Einladung zum ersten Schultag,
- Datum und Uhrzeit der ersten Schulstunde,
- einen Hinweis auf die Materialien, die in den ersten Schulwochen unbedingt notwendig sind.

Mit solch einer frühzeitigen Information kann verhindert werden, daß unnötige oder falsche Schulmaterialien gekauft werden. Sie haben so die Möglichkeit, alles in Ruhe einzukaufen und den Schulranzen, den sich Ihr Kind selbst aussuchen durfte, mit den richtigen Schulsachen zu füllen.

DER ERSTE SCHULMORGEN

Am ersten Schultag muß Ihr Kind wahrscheinlich nicht geweckt werden. Freude, Aufregung und eine innere Spannung sorgen dafür, daß es von selbst munter aufwacht.
Die morgentliche Körperpflege, das Ankleiden und Frühstücken sind für Sie jetzt gewiß von besonderer Bedeutung, denn Sie möchten, daß Ihr Kind frisch und gut versorgt den ersten Schultag beginnt. Für Ihr Kind zählt aber nur eins: Es möchte in die Schule, und zwar so bald wie möglich. Endlich ist der große Tag da. Diese Aufregung bringt oftmals Appetitlosigkeit mit sich. Statt eines großen Frühstücks können Sie Ihrem Kind auch etwas Traubenzucker und frischen Fruchtsaft anbieten. Wenn im Glas ein lustiger Trinkhalm steckt oder der Traubenzucker auf einem bunten Kinderteller liegt, rutscht vielleicht alles besser.

Beginnen Sie den ersten Morgen bereits mit dem Bewußtsein, daß Ihr Kind nun einen neuen, eigenen Lebensbereich haben soll. Unterstützen Sie zuversichtlich seinen Drang nach Selbständigkeit und Unabhängigkeit. Wenn der erste Tag auch etwas Besonderes ist, so ist er doch der Beginn des neuen Alltags: Selbständig kleidet sich Ihr Kind an – die Kleider haben Sie bereits am Abend zuvor gemeinsam mit ihm zurechtgelegt. Auch der Schulranzen steht bereit und wartet nur darauf, endlich ausgeführt zu werden.

Das erste Mal zur Schule

Den neuen Ranzen, der nur wenige Schulsachen enthält, auf dem Rücken und die Schultüte im Arm, verläßt Ihr Kind gemeinsam mit Ihnen das Haus.
- Vielleicht wünscht sich Ihr Kind, daß an diesem ersten Schultag auch sein Kuscheltier dabei ist. Erfüllen Sie ihm diesen Wunsch!
- Mancherorts findet unmittelbar vor der Einschulung ein kleiner Kindergottesdienst für die Schulanfänger und die Familie statt. An der Planung und Gestaltung können sich oftmals auch die Eltern beteiligen.
Von der Kirche geht's dann zur Schule. Jeder ist gespannt, wie wohl die erste Schulstunde verlaufen wird.
- In der Regel ist es üblich, daß die Eltern ihr Kind ins Klassenzimmer begleiten und hier vom Schulleiter und der Klassenlehrerin oder dem Klassenlehrer begrüßt werden. Auch die Erzieher und Erzieherinnen des Kindergartens sind eingeladen.
- Nach der Begrüßung verweilen die Schulanfänger meistens ohne Eltern allein mit ihrer Lehrerin oder ihrem Lehrer noch eine Stunde in der Schule.
- Auch wenn Sie bemerken, daß Ihrem Kind der Abschied schwerfällt, gehen Sie frohgemut aus dem Klassenzimmer.

- Zeigen Sie, daß Sie zuversichtlich und stolz sind. So wird sich auch Ihr Kind schnell in die neue Situation einfinden.
- Je nach örtlicher Gegebenheit warten sie während der ersten Schulstunde draußen vor dem Klassenzimmer oder dem Schulgebäude oder gehen kurz nach Hause.
- Mit Freude und Stolz wird Ihr Kind mit seinen neuen Klassenkameraden nach der ersten Stunde die Schule verlassen. Vielleicht wird zur Erinnerung an diesen großen Tag noch ein Foto von allen Kindern gemacht.

Nach der ersten Schulstunde

- Nach der ersten Schulstunde darf Ihr Kind endlich die Schultüte öffnen – am besten aber erst zu Hause, denn nicht zuletzt wollen Sie seine Freude miterleben.
- Wenn der Appetit nach soviel Aufregung auch nicht sehr groß sein wird, ist der besondere Tag dennoch Anlaß genug, die Lieblingsspeise der Kinder zu kochen.
- Für den Nachmittag können die Paten oder Großeltern eingeladen werden.
- Kleine selbstgebastelte Tischkärtchen können den Mittags- oder Kaffeetisch schmücken. Vielleicht haben Sie diese Tage zuvor zusammen mit Ihrem Kind gebastelt oder auch allein – sozusagen als Überraschung zum ersten Tag.

Schulranzen

Der Schulranzen sollte in erster Linie Ihrem Kind gefallen. Dennoch ist beim Kauf einiges zu bedenken: Allzu große Taschen sind beim Gehen und Rennen hinderlich. Bücher und Hefte purzeln darin herum und werden strapaziert. Ungefähr vier Bücher und acht große Hefte, das Mäppchen und die Dose fürs Pausenbrot müssen darin Platz finden. Helle Farben und Reflektoren sind wegen der Verkehrssicherheit beim Schulranzen unerläßlich. Prüfen Sie auch das Gewicht des gefüllten Ranzens! Mit Inhalt sollte er nicht mehr als zehn Prozent vom Körpergewicht des Kindes haben.

BASTELMATERIAL

Tischkärtchen:
Tonkarton in Schwarz und Hellbraun;
Tonpapier in Rot;
Webpelz;
kurzer Stift;
schwarzer Filzstift;
weißer und roter Buntstift;
Lineal;
Klebstoff;
Schere

Stundenplan-Halter:
Moosgummi in Hellbraun, Dunkelbraun, Weiß, Schwarz;
Webpelz;
Transparentpapier;
weicher Bleistift;
schwarzer Filzstift;
Aufhängefaden;
Klebstoff;
Nadel;
Schere oder Cutter

VORLAGEN
Seite 81/82:
Tischkärtchen 14;
Stundenplan 15

TISCHKÄRTCHEN

Ihr Kind freut sich am ersten Schultag bestimmt, wenn es besonders verwöhnt wird: Zum Beispiel, wenn Tischkärtchen mit kleinen Überraschungen den Tisch am Mittag oder Nachmittag schmücken. Solche Tischkärtchen können Sie „heimlich" anfertigen oder aber auch in den Tagen vor dem Schulbeginn gemeinsam mit Ihrem Kind basteln.

Bastelanleitung
Aus schwarzem Tonkarton ein 9 x 12 cm großes Rechteck ausschneiden und in der Mitte knicken. Aus rotem Tonpapier 0,7 cm schmale Streifen zuschneiden und auf der Vorderseite des Tischkärtchens rundum als Rand aufkleben. Einen Hundekopf und zwei Pfoten auf hellbraunen Tonkarton zeichnen und ausschneiden.
Mit schwarzem Filzstift ein Gesicht, mit rotem Buntstift Bäckchen aufmalen. Ein Stück Webpelz als Haare ankleben. Kopf und Pfoten oben an der Tafel fixieren.
Namen mit weißem Buntstift auf die Tafel schreiben.
Auf das Tischkärtchen des Schulkindes einen kurzen Stift aufkleben.

STUNDENPLAN-HALTER

Wenn ein selbstgebastelter kleiner Hund den Stundenplan hält und „überwacht", fällt es leicht und macht es Spaß, die Schulzeiten im Blick zu haben und den Tagesablauf entsprechend auszurichten. Hier kann sich jeder in der Familie immer schnell und zuverlässig informieren.

Bastelanleitung
Den Hundekopf mit weichem Bleistift von der Vorlage auf Transparentpapier durchzeichnen. Das Transparentpapier umdrehen, auf hellbraunes Moosgummi legen, und die Konturen mit einem Fingernagel auf das Moosgummi durchdrücken. Den Kopf dann ausschneiden.
Die Pfote zweimal aus hellbraunem, Augen zweimal aus weißem, Nase aus schwarzem und Ohrinnenteile zweimal aus dunkelbraunem Moosgummi ausschneiden.
Alle Motivteile aufkleben, die Pfoten nur an den markierten Stellen mit Klebstoff bestreichen und fixieren.
Mit schwarzem Filzstift Mund, Bartstoppeln und Pupillen aufmalen.
Mit einem Messer die Mundlinie einschneiden.
Ein Stück Webpelz als Haare ankleben.
Dann noch einen Aufhängefaden anbringen.

Die erste Schulzeit

Viel Neues

- Der neue Stundenplan findet einen besonderen Platz in der Wohnung. Denn er wird Ihnen und dem Kind in den nächsten Wochen, die einen veränderten Tagesablauf mit sich bringen, sehr hilfreich sein.
- Stellen Sie sich darauf ein, daß die ersten Unterrichtsstunden nicht immer zur gleichen Zeit stattfinden.
- Vielleicht läßt es sich einrichten, daß Sie, wenn Sie berufstätig sind, während der ersten Schultage Ihres Kindes Urlaub nehmen. So können Sie Ihrem Kind in dieser Zeit eine gute Stütze sein.
- Fragen Sie den Klassenlehrer, die Klassenlehrerin gleich zu Beginn der Schulzeit nach dem „Programm" der ersten Wochen.

Von Vorteil ist es auch, wenn die Kinder am ersten oder zweiten Schultag einen Überblick über das Programm der nächsten Wochen bekommen. So haben sie die Möglichkeit, sich darauf einzustellen und ihre Vorstellungen vom Unterricht zu präzisieren.

- Selbstverständlich sollten die Lehrer auch nach den Vorstellungen der Kinder über die Schule fragen.
- In dieser Lebensphase ist es für das Kind besonders wichtig, daß es von seinen neuen Eindrücken und Erlebnissen erzählen und sich mitteilen kann. Nehmen Sie sich Zeit, mit ihm ins Gespräch kommen.

Hinweise und Tips für ein gutes Gespräch finden Sie am Anfang dieses Buches; sie gelten auch weiterhin.

ABC-Schützen-Spruch

A B C, Arme in die Höh'.
D E F, den Türrahmen ich treff'.
G H I, stolz bin ich wie noch nie!
J K L, im Denken bin ich schnell.
M N O, das macht den Lehrer froh.
P Q R, das Lesen ist nicht schwer.
S T U, jeder hört mir zu.
V W X, Bärbel macht 'nen Knicks.
Y und Z, du kennst den Reim – ich wett'!

HAUSAUFGABEN

Hausaufgaben wann?

Wann und wie Ihr Kind seine Hausaufgaben macht, ist nicht zuletzt von Ihrer familiären Situation, von der Konstitution Ihres Kindes und auch von der Länge des jeweiligen Schulvormittags abhängig. Allgemeingültige Regeln können hier nicht genannt werden. Wichtig ist jedoch, daß Sie für sich und Ihr Kind gemeinsam eine akzeptable Lösung finden. Fragen Sie am besten Ihr Kind! Sicher kann es schon selbst einschätzen, ob es die Hausaufgaben gleich nach der Schule oder erst nach einer gewissen Spielzeit erledigen möchte. Hier sollte aber eine Regel gefunden werden, an die sich das Kind täglich hält.

Hausaufgaben wo?

Wichtig ist, daß Ihr Kind weiß, an welchem Platz es seine Schularbeiten machen kann. Das muß nicht gleich im ersten Schuljahr am eigenen Schreibtisch im Kinderzimmer sein. Nur sollte das Kind für sein Arbeiten – wie für den Schulranzen – immer den gleichen Platz zur Verfügung haben. Dies kann auch der Eßtisch in der Wohnküche oder im Eßzimmer sein, wenn hierfür Regeln vereinbart werden: beispielsweise, daß nach dem Mittagessen oder ab einer bestimmten Uhrzeit der Eßtisch, mindestens aber eine Tischhälfte, freigeräumt ist, und das Kind hier seine Hefte und Bücher zum Arbeiten ausbreiten kann.

Hausaufgaben wie?

Die Hausaufgaben sollen selbständig von Ihrem Kind gemacht werden, und zwar vom ersten Schultag an. Nur so gewöhnt es sich an verantwortliches und selbständiges Arbeiten. Und irgendwann soll ja Ihre Betreuung überflüssig werden. Schon kleine Bemerkungen wie „Jetzt machen wir mal deine Hausaufgaben" geben dem Kind das Gefühl, für seine Arbeit nicht verantwortlich zu sein.

- Natürlich geben Sie Ihrem Kind aber notwendige Hilfestellungen, wenn es danach verlangt.
- Zum Schluß sehen Sie seine Arbeit kritisch durch und loben sie, seien Sie hier jedoch nicht strenger als der Lehrer oder die Lehrerin.

Nicht die Fehler im Heft, sondern die Leistung, der Wille und der Eifer des Kindes, die Aufgaben richtig zu machen, seine erbrachte Konzentration, sollen für Sie im Mittelpunkt stehen.

- Beobachten Sie, wie Ihr Kind seine Arbeit angeht und erledigt:

Machen ihm die Hausaufgaben grundsätzlich Freude?
Sucht es zunächst selbständig nach einer Lösung?
Muß es stets zum Weiterarbeiten ermuntert werden?
Läßt es sich beim Arbeiten leicht ablenken?
Wieviel Zeit benötigt es insgesamt, um die Arbeit fertigzustellen?

- Nicht an jedem Tag ist Ihr Kind in guter Verfassung. Sprechen Sie Ihm aufmunternd zu oder spielen Sie mit ihm ein kleines Bewegungssspiel zur Auflockerung (zum Beispiel das Morgenmuffel-Muntermacher-Spiel aus dem zweiten Kapitel).

Auch eine Tasse Kräuter- oder Früchtetee, Saft und ein paar Kekse wirken oft Wunder.

KONZENTRATION

Auch wenn Konzentration in der Schule von großer Bedeutung ist, so bedenken Sie, daß ein sechsjähriges Kind sich höchstens fünfzehn bis dreißig Minuten auf eine Sache konzentrieren kann! Verlangen Sie von Ihrem Kind nichts Unmögliches!

Kleine Kinder spielen gern ...

Die folgenden Spielideen bieten Ihrem Kind willkommene Abwechslung. Sie sind auch dann einsetzbar, wenn sich das Kind bei den Hausaufgaben „festgefahren" hat. Ein Spiel kann die „Sperre" lösen und Ausgleich bringen. Neben den jeweils angegebenen Lernzielen steht hier vor allem die Freude am Spiel im Vordergrund!

Spielideen

Durch die Röhre
- Lernziel: Strecken und Murmelverlauf abschätzen; Ausdauer und Konzentration

Auf dem Fußboden liegt ein Stück Pappe als Ziel. Aus einem Abstand von etwa einem Meter versucht das Kind, durch eine Papphöhre (von einer Küchenrolle o.ä.) eine Murmel oder gar eine Kastanie ins Ziel rollen zu lassen. Beim Rollen der Kastanie gehört zum Geschick auch Glück. Naschkatzen können auch hin und wieder Schokolinsen nehmen, die bei jedem Treffer vernascht werden dürfen! Vielleicht ein Ansporn, schnell und gut die Hausaufgaben zu erledigen.

Ballonroller
- Lernziel: Konzentration und Geschicklichkeit; erfahren, daß innere Ruhe wichtig ist und daß oft erst Wiederholungen Erfolg bringen

An eine Stuhllehne werden nebeneinander zwei gleich lange Schnüre geknotet. Sie sollen gerade so weit auseinander sein, daß ein Luftballon auf ihnen liegen kann, ohne gleich herunterzufallen. Nun nimmt das Kind die beiden Schnüre so in die Hand, daß sie sich parallel zueinander etwas spannen. Der Ballon wird auf die Schnüre gelegt. Senkt das Kind seine Hände, rollt ihm der Ballon entgegen; hebt es die Hände, rollt er zur Stuhllehne. Wie oft rollt er hin und her?

Stück für Stück
- Lernziel: Fingerfertigkeit; Ausdauer und Konzentration

Fünf Flaschenkorken liegen in einer Reihe auf dem Tisch. Auf jedem Korken liegt quer ein Hölzchen. Die Aufgabe besteht darin, die Stäbchen Stück für Stück zwischen zwei Fingern hochzuheben: das erste Stäbchen zwischen dem rechten und linken Daumen, das zweite zwischen dem rechten und linken Zeigefinger und so fort. Einfach ist das nicht!

Seil springen
- Lernziel: Freude an der eigenen körperlichen Geschicklichkeit; Koordinationn von Armen und Beinen

Seilspringen ist bei vielen in Vergessenheit geraten. Schade, denn das junge Schulkind ist dafür im richtigen Alter. Aber erst Übung macht den Meister. Sicher vergehen ein paar Wochen, bis das Seilspringen gut klappt. Für den Erfolg ist ein gutes Springseil in der richtigen Länge wichtig.

Knöpfe schießen
- Lernziel: Fingergeschicklichkeit

Aus etwa dreißig Knöpfen werden drei Reihen gelegt: In der ersten Reihe liegen etwa zehn kleine Knöpfe nebeneinander, in der zweiten Reihe zehn mittlere und in der dritten, obersten Reihe zehn große Knöpfe. Ungefähr 20 cm davor liegt ein kleiner Knopf. Es gilt nun, ihn mit dem Zeigefinger so gegen die Knopfreihen zu schnippen, daß eine Lücke entsteht. Jedoch darf der Knopf nicht über den Tisch hinausfliegen oder in den Knopfreihen steckenbleiben.

Pärchen suchen
- Lernziel: Zahlenkreis bis 20; differenziertes Wahrnehmen über den Tastsinn

In einem Säckchen liegen allerhand Materialien in doppelter Ausführung. Zum Beispiel Hagebutten, Zapfen, kleine Steine,

... GROSSE NOCH VIEL LIEBER!

Aststückchen, Kastanien, Schneckenhäuser, Spielsteine, Farbstifte ...
Nun heißt es blind hineinfassen, durch Ertasten Paare finden und auf den Tisch legen.

Spinnennetz
- Lernziel: Fingergeschicklichkeit; Experimentieren; Selbständigkeit

Dieses Spiel ist für jedes Kind ein Vergnügen, für Eltern nicht immer, deshalb sollte als Spielort nicht gerade die Wohnküche ausgesucht werden: Den Anfang eines Kordel- oder Wollknäuels an einem Gegenstand im Zimmer befestigen, dann mit der Schnur kreuz und quer gehen, und zwar so, daß ein riesengroßes Spinnennetz entsteht. Die Schnur immer so befestigen, daß sie sich später auch wieder losbinden und aufwickeln läßt, denn der Netzabbau gehört mit zum Spiel!

Tickt's bei dir?
- Lernziel: differenzierte Wahrnehmung über den Hörsinn; Konzentration

Sie verstecken unauffällig einen laut tickenden Wecker, eine eingestellte Eieruhr oder eine aufgezogene Spieluhr. Das Kind, das in der Zwischenzeit warten muß, singt laut vor sich hin, bis Sie ihm ein Zeichen geben. Nun darf das Kind auf die Suche gehen. Nur wer hier leise schleicht und genau horcht, wird erraten, wo's tickt.

Rolle, Ring & Regenwurm
- Lernziel: Sprachentwicklung; Wortschatzerweiterung

Hier können mehrere Spieler mitmachen. Der erste nennt einen Laut: „r" (nicht „er" sprechen). Nun müssen die anderen der Reihe nach ein Wort nennen, das mit „r" beginnt: Rolle, Ring, Regenwurm ... Findet ein Spieler nicht sofort ein passendes Wort, zählen die anderen stumm mit den Fingern bis fünf. Fällt ihm danach immer noch kein Wort ein, gibt er ein Pfand ab. Das Spiel wird schwieriger, wenn die Wörter aus einem bestimmten Gebiet sein müssen, zum Beispiel Gegenstände aus dem Garten oder Tiere.

Kurze Wege
- Lernziel: Zahlenkreis bis 20; räumliche Beziehungen; logisches Denken

Auch hier können mehrere Spieler teilnehmen. Auf ein Blatt Papier werden in unregelmäßigen Abständen zwanzig kleine einfache Häuser gezeichnet. Jedes der Häuser erhält eine Zahl von 1 bis 20, aber nicht der Reihe nach, sondern willkürlich verteilt.
Der Spielleiter erzählt eine Geschichte:
„Es war einmal ein Mann, der wohnte in einem kleinen verlassenen Dorf. Es hieß, es seien keine Menschen mehr hier, aber Katzen. Da der Mann Katzen sehr gern hatte, kümmerte er sich liebevoll um sie. Er selbst hatte nur einen Kater, deshalb wohnte er auch in dem Haus Nummer 1. Jeden Samstag besuchte der Mann die Katzen, um sie zu füttern. Dabei suchte er zuerst das Haus auf, in dem ein Katzenpärchen hauste. Das war das Haus Nummer 2. Danach ging der Mann zu einem Haus mit drei Katzen, wenig später zu einem Haus mit vier Katzen und so fort. Da er aber alle Katzen an einem Tag besuchen wollte, mußte er sich beeilen und entschloß sich, jeweils den kürzesten Weg von Haus zu Haus zu wählen."
Die Aufgabe ist es nun, dem Mann den Weg von Haus zu Haus einzuzeichnen bis zum Haus mit der Nummer 20, wo zwanzig Katzen wohnen!
Wer findet den kürzesten Weg – ohne einen falschen Strich einzuzeichnen?
Variante: Die Häuser verbinden, ohne daß sich die Wege kreuzen! Hier spielt die Länge keine Rolle.

LIEBE ELTERN,

Ihr Kind ist jetzt bestimmt gut auf die Schule vorbereitet. Begleiten Sie es auch während der Schulzeit mit Zuversicht.

● Vertrauen Sie darauf, daß Ihr Kind die Schule mit all ihren Anforderungen bewältigen wird.

● Versuchen Sie, Ihrem Kind durch Ihre Haltung mitzuteilen, daß Arbeit und Lernen Freude bereiten, manchmal aber auch Unlust überwunden werden muß.

● Dem Kind das Lesen, Schreiben, Rechnen zu vermitteln ist nicht Ihre Aufgabe, sondern die der Lehrkraft, der Sie ebenfalls Ihr Vertrauen schenken sollten.

Der Schulanfang wird einige Veränderungen schon allein vom Tagesablauf mit sich bringen, aber viele Wünsche Bedürfnisse und Ansprüche Ihres Kindes bleiben: Ihr Kind braucht auch weiterhin Ihre Zärtlichkeit, Ihr Verständnis, Ihre Aufmerksamkeit, Ihr Vertrauen, damit es seinen Weg selbständig gehen kann. Dabei sind Sie sein Partner und Verbündeter.

Hinweise, Anregungen, Tips, wie Sie Ihr Kind in seiner Selbständigkeit unterstützen, seine Feinmotorik, sein logisches Denken, sein Gedächtnis und seine Lernfreude überhaupt weiter fördern können, finden Sie in diesem Buch; sie sind auch nach den ersten Schultagen gültig! Ebenso die Hinweise zu einem guten Gespräch mit Ihrem Kind, die Spielideen und Bastelangebote.

Bei allen Anforderungen, die nun an Sie und ihr Kind gestellt werden, sollen Ihnen folgende Gedanken Unterstützung sein:

Kinder wollen spielen!
Spielen macht Freude!
Spielen bedeutet Lernen!
Kinder wollen lernen!

Renate Ferrari

Hinweise zum Basteln

Wie man Vorlagen überträgt

Wer die Objekte in diesem Band genau nacharbeiten möchte, kann die einzelnen Elemente vom Vorlagenteil übernehmen. Zunächst wird das Motiv mit Bleistift auf Transparentzeichenpapier durchgepaust (eventuell mit Kreppband fixieren). Dann gibt es verschiedene Möglichkeiten weiterzuarbeiten:

● Entweder die Pause auf dem ausgewählten Papier oder Karton leicht befestigen. Graphitpapier mit der beschichteten Seite nach unten zwischen die beiden Lagen schieben und das Motiv nachzeichnen.

● Oder die gezeichneten Linien auf der Rückseite des Transparentpapiers mit einem weichen Bleistift schwärzen. Das Transparentpapier dann mit der Rückseite nach unten auf dem jeweilgen Karton oder Papier fixieren, und das Motiv mit einem harten Bleistift nachziehen.

● Bei Karton genügt es oft, wenn man das Transparentpapier einfach auflegt und die Formen des Motivs mit einem Stift durchdrückt.

● Beim Basteln mit Moosgummi, Filz oder ähnlichem zunächst eine Schablone aus Zeichenkarton ausschneiden. Diese auflegen und umreißen.

Auch wenn Motive mehrfach verwendet werden, empfiehlt es sich, Schablonen aus festem Karton auszuschneiden.

Was man zum Ausschneiden braucht

Zum Schneiden bieten sich verschiedene Scheren an:
● Kinder schneiden mit einer abgerundeten Bastelschere.
● Für größere Teile kann man eine Papierschere nehmen.
● Bei Innenausschnitten und Kurven ist eine kleine, spitz zulaufende Silhouettenschere praktisch. (Nicht für kleinere Kinder geeignet.)
● Erwachsene können für Feinheiten auch einen Cutter verwenden. Als Unterlage dient Graupapier. Den Cutter flach ansetzen.

VORLAGEN

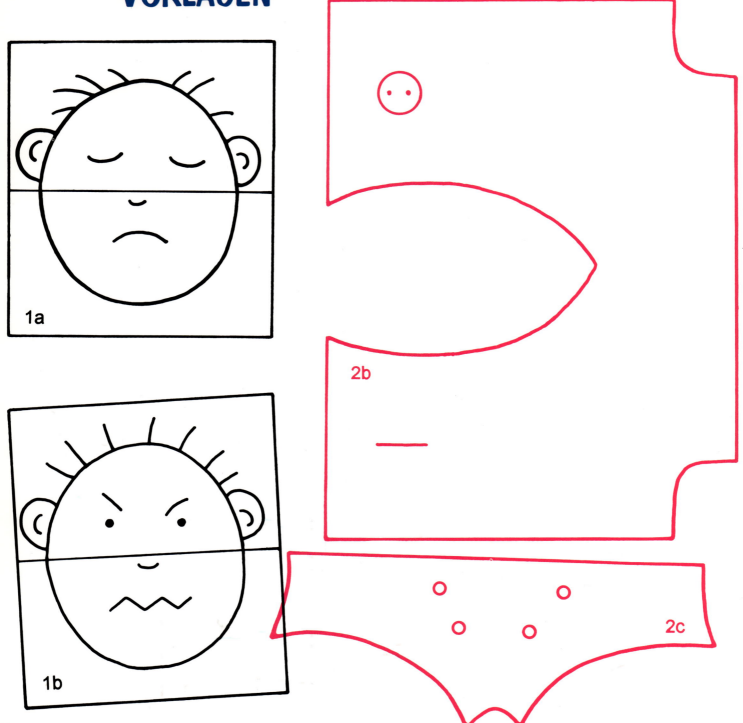

76

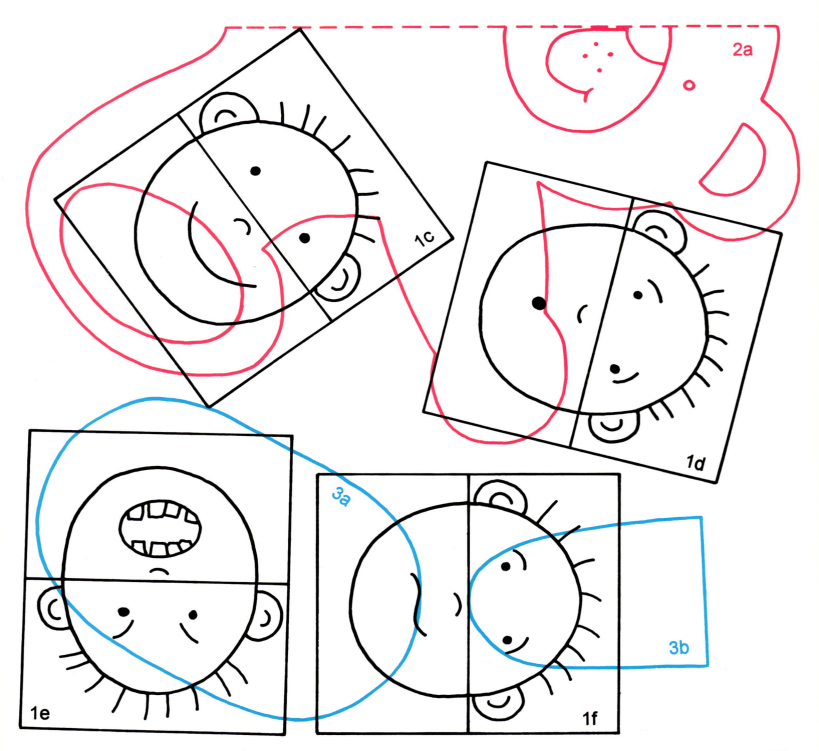

Hier zeigen wir Ihnen eine Auswahl unserer beliebten und erfolgreichen Bücher - und wir haben noch viele andere im Programm. Wir informieren Sie gerne, fordern Sie einfach unsere Themenprospekte an:

Bücher für Ihre Kinder:
Basteln, Spielen und Lernen mit Kindern

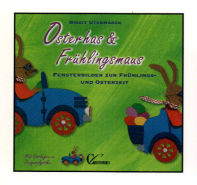
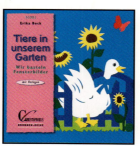

Wir sind für Sie da, wenn Sie Fragen zu AutorInnen, Anleitungen oder Materialien haben.
Und wir interessieren uns für Ihre eigenen Ideen und Anregungen. Faxen Sie, schreiben Sie oder rufen Sie uns an.
Wir hören gerne von Ihnen!
Ihr Christophorus-Verlag

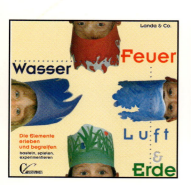

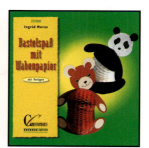

Hermann-Herder-Straße 4
79104 Freiburg i. Breisgau
Telefon: 0761 / 2717-268 oder
Fax: 0761 / 2717-352

🟧 Bücher zum textilen Handarbeiten:
Sticken, Häkeln und Patchwork

🟧 Bücher für Ihre Hobbys:
Stoff- und Seidenmalerei, Malen und Zeichnen, Keramik, Floristik

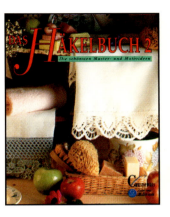

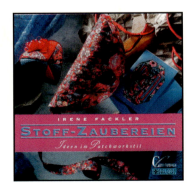

DIE AUTORINNEN

Renate Ferrari, 1953 in Würselen, Landkreis Aachen, geboren, hat nach ihrer Ausbildung als Erzieherin fünfzehn Jahre lang einen Kindergarten in der Nähe von Freiburg geleitet. Nach der Geburt ihres Sohnes gab sie ihren Beruf auf und war vielen Kindern eine wertvolle Tagesmutter. Seit fünf Jahren ist sie Chefredakteurin und Autorin der erfolgreichen Elternzeitschrift „mobile" (Verlag Herder) und Referentin verschiedener Elternseminare.
Renate Ferrari lebt heute mit ihrer Familie in Frankreich.
Sie hat den Text für dieses Buch geschrieben.

Monika Neubacher-Fesser ist Grafikerin, Illustratorin und Autorin zahlreicher Bücher im Kreativbereich.
Sie lebt in Hannover und hat zwei Kinder, von denen das eine die Grundschule besucht und das andere kurz vor der Einschulung steht.
Von ihr stammen die in diesem Buch abgebildeten Bastelarbeiten, die Bastelanleitungen und die Zeichnungen.

© 1997 Christophorus-Verlag GmbH
Freiburg im Breisgau

Alle Rechte vorbehalten
Printed in Belgium

ISBN 3-419-52849-3

2. Auflage 1998

Jede gewerbliche Nutzung der Arbeiten und Entwürfe ist nur mit Genehmigung der Urheber und des Verlages gestattet.
Bei Anwendung im Unterricht und in Kursen ist auf dieses Buch hinzuweisen.

Fotos und Styling: Christoph Schmotz, Freiburg
Umschlagfoto: Michael Nagy, München
Umschlaggestaltung und Layoutentwurf: Network!, München
Layout und Gesamtproduktion:
IMPRESS, 85540 Haar b. München
Herstellung: Proost, Turnhout 1998